ニュースがよくわかる皇室のすべて

澤田浩——監修

日本皇室大解密

從59個關鍵字認識時事中的皇室角色

序言

根據日本宮內廳所公開的「歷代天皇系譜」，日本皇室至少延續二千六百年以上。在皇室傳統的重擔與責任的背景下，天皇陛下為國家盡心盡力，每天勤於執行各項公務，皇后陛下、皇太子殿下一家以及秋篠宮殿下一家，也同樣以真摯的態度執行公務。日本人對於皇室寄以深深的敬意。然而現在，日本皇室正面臨重大轉換期。二〇一六年（平成二十八）年夏季，天皇陛下表明生前退位的想法。其言論深深打動日本國民的心，日本政府也擬定了特例法，可是這種做法能否根本解決問題則令人存疑。此外，僅限皇統男系男子繼承皇位、皇族減少的問題等也日益嚴重。

關於日本皇室的各項問題，需要由日本國民一同認真考慮。不過，皇室的真實面貌鮮少外露也是實情。因此，本書嘗試將最近日本皇室的熱門話題、皇室的皇族結構與制度、皇族公務與宮中祭祀、生活費與稅金之類皇室經濟等一舉網羅，彙整成冊。同時附上圖解，用淺顯易懂的文字加以解說。

日本皇室平時總是籠罩著神秘面紗。若能有助於各位讀者進一步認識日本皇室，將深感榮幸。

目次

第一章 皇室的熱門話題

皇室的構造

第二章

第三章

皇族的家計簿

皇族公務與活動

第五章

皇室的歷史

第六章

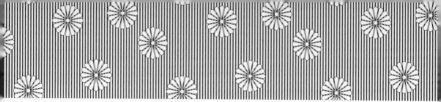

第一章

皇室的熱門話題

皇室のホットトピック

天皇陛下生前退位後，日本皇室及日本將會變得如何!?

天皇陛下有意生前退位震驚全日本

二〇一六（平成二十八）年七月十三日，媒體首度報導今上天皇有意生前退位的消息。

同年八月八日，天皇陛下透過影片，親自向全日本民眾表示：「由於身體衰弱，恐怕無法像以前一樣順利完成象徵天皇的任務」。天皇陛下接著表述，與其採取大幅減少公務或找人代行的方法來守住皇位，他更希望象徵天皇的職務能夠穩定而持續地執行。

換句話說，天皇陛下考慮「生前退位」，將皇位交由皇太子繼承。

這則報導讓全日本國民大為震撼。原因是沒人料想到天皇陛下竟會於在世時退位。在陛下表明「打算生前退位」的想法後，關於到底該遵照陛下意願，或者是請陛下一如往常地繼續執行公務，已在坊間議論紛紛。

天皇生前退位的前例意外地多

首先，我們先來整理關於日本皇室生前退位的事例。天皇的生前退位，其實今上天皇並非首例。回顧日本皇室的歷史，除了今上天皇外，經確認後發現過去的類似事例竟多達五十八件。

首度的天皇生前退位是在西元六四五（大化元）年。這一年開始推行大化革新，在位三年半的第三十五代皇極天皇讓位給孝德天皇。

在平安時代的一〇八六（應德三）年，第七十二代白河天皇讓位給虛歲八歲的堀河天皇後，成為上皇、實施院政。到了江戶時代的一八一七（文化十四）年，在位約三十八年的光格天皇亦讓位給仁孝天皇。此乃現階段最後一起生前退位的事例。

其次，我們換個角度來看世界各地的王室與皇室，就會發現在亞洲與歐洲等推行君主立憲制國家也有實施生前退位。

最近的話以荷蘭為例，二〇一三年，該國的畢翠克絲女王在年滿七十五歲時，便讓位給現任國王威廉・亞歷山大。在荷蘭這已經是連續三代實施生前退位。

西班牙的胡安・卡洛斯一世國王也在二〇一四年進行生前退位，讓位給菲利普六

生前退位的事例

年代（年）	天皇名	內容
645（大化元年）	皇極天皇（第 35 代）	女帝。天智、天武兩天皇之母。642 年即位，於三年半後的 645 年讓位給孝德天皇。此乃日本史上首度生前退位。其後，以齊明天皇名義於 655 年重祚。
1086（應德 3 年）	白河天皇（第 72 代）	自 1072 年起在位約 14 年，1086 年時讓位給第二皇子堀河天皇。但之後成為上皇，於堀河、鳥羽、崇德天皇三代實施長達約 43 年的院政。為以上皇身分執政（即院政）體制確立之始。
1817（文化 14 年）	光格天皇（第 119 代）	閑院宮典仁親王的第六皇子，而後成為後桃園天皇的養子。於 1779 年踐祚，1780 年即位，在位約 37 年後讓位給仁孝天皇。自此未再出現生前退位的事例。

世。胡安・卡洛斯一世之所以退位除了健康上的隱憂，他身為世界自然基金會的名譽主席卻到非洲獵象的行為也遭到詬病。西班牙政府為此還整頓相關法令，讓這次退位能順利進行。

此外，比利時也有實施生前退位。

在亞洲，發生革命前的柬埔寨、汶萊及不丹等也都有實施生前退位的前例，而在中東的卡達也有實施生前退位。這麼看下來，就能發現生前退位在世界各國都有實行。

生前退位將根據僅限一代的特例法實施

接下來，我們就試著從法律觀點來看日本天皇的生前退位。關於這個問題要做出明確的判斷可以說是難上加難。

日本國憲法第二條規定「皇位世襲，根據國會議決的皇室典範規定繼承之」。因此《皇室典範》即為規定皇室制度的基本法，但其中並沒有記載生前退位的相關規定。不過根據《皇室典範》第四條規定「天皇駕崩之際，由皇嗣立刻即位」，可解釋為只要天皇在世，就能持續位居其地位。

那麼，為何《皇室典範》中並未提到生前退位？其實在一九八四（昭和五十九）年的國會中，針對當時年紀已超過八十高齡的昭和天皇，曾有人提問為何不同意天皇生前退位。宮內廳在當時以下列三個理由作為回答：

一、一旦同意天皇生前退位，上皇或法皇的存在恐將引發弊端。

二、可能會受到當時的政權等非天皇的自由意志強制進行生前退位。

三、使得天皇可以恣意決定退位。

今上天皇表明生前退位的想法後，在討論天皇退位後的地位等問題時，有人提議「稱為上皇如何」，結果便引發這種做法是否合宜的議論。此外，一旦樹立因皇室以外的勢力使天皇能隨意退位的前例，的確也會成為令人擔憂的問題。

在此情況下，日本政府開始針對今上天皇的生前退位以及伴隨而來的皇太子即位為新天皇進行檢討。至於有關天皇陛下生前退位的法源依據，日本政府採取增修僅限一代的特例法對應，避免修改《皇室典範》。

二〇一七（平成二十九）年六月九日，日本參議院本會議通過同意今上天皇生前退位的特例法。該法的適用對象雖僅限於今上天皇，卻也顯示出依據日本政府的見解，這很有可能成為將來的先例。

無論如何，今後日本政府將根據此一特例法，朝著在二〇一八（平成三十）年十二月二十三日的天皇誕辰實施生前退位，由皇太子隨即即位成為新天皇，並於翌年二〇一九年元旦實施改元的方向進行討論[1]。

1 編按：截至二〇一八年三月，日本政府已決議今上天皇將於二〇一九年四月三十日退位，由皇太子德仁於翌日五月一日即位並改元。

不久後即將面臨的皇太子從缺及活動費用問題

即將面臨皇太子從缺的現實

對於表明生前退位想法的天皇陛下而言，目前退位一事已遵照陛下的想法逐漸落實。然而讓位將會產生諸多問題，其中最重大的便是「皇太子將從缺」。

根據《皇室典範》規定，「皇位由皇統男系男子繼承」，明定皇太子為「身為皇嗣之皇子」，亦即「皇位繼承順位第一的皇長子」。一旦今上天皇生前退位後，現任皇太子德仁親王將即位成為天皇，而皇位繼承順位第一的「皇嗣」就變成德仁親王之弟秋篠宮文仁殿下。然而文仁殿下並非新天皇的皇子，無法冠上「皇太子」的稱號。既然不是皇太子，又該如何稱呼文仁殿下？日本政府原先商討因其身分為天皇陛下之弟而使用「皇太弟」的稱謂，不過為突顯其「地位」高於其他皇族，於是計劃改稱「皇嗣殿下」。

另外，關於支撐皇室活動費用的問題也浮出檯面。目前皇室成員的日常經費等都是根據《皇族經濟法》來支付，內容可大致分成兩種；一是天皇陛下與皇太子殿下所收受的內廷費，另一項則是以年額支付給獨立宮家的皇族費。

那麼內廷費與皇族費的給付額為多少？平成二十九年度天皇家的內廷費年度總額為三億二四〇〇萬日圓，支付給秋篠宮家的皇族費則為六七一〇萬日圓，大幅少於內廷費，其中給當家秋篠宮殿下的定額為三〇五〇萬日圓。

若秋篠宮殿下成為地位形同皇太子的皇嗣殿下，可以想見未來的公務會比現在更加繁重。另外考量到未來秋篠宮殿下還須進行各種符合皇嗣身分的活動，有人質疑維持現狀的支付額度有失合理，因此給付額也將上修至原先的三倍，來到九一五〇萬日圓。

而有關天皇與皇后陛下也會出現同樣的問題。生前退位後，今上天皇與美智子皇后的日常費用將繼續從內廷費撥用，但其金額規模目前尚不清楚。

退位後的天皇陛下該如何稱呼，居住在何處？

該如何稱呼才好？

天皇陛下的生前退位也會引發其他變化。

比方說名稱。該如何稱呼讓位後的陛下成了一大問題。關於這點，日本政府與權威人士開會討論後，傾向稱呼退位後的天皇陛下為「上皇」，敬稱「陛下」，在特例法當中也會明文規定。而現任皇后陛下則改稱「上皇后」，敬稱則同樣為「陛下」。

在歷史上，上皇一詞乃「太上天皇」的略稱。據日本中世史學者指出，「太上」一詞含有「無上」之意，與天皇之稱相比也不會讓人感覺到上下關係。

但對此也有人提出疑問。這是因為上皇在過去歷史上曾實施院政、引發政爭，導致負面印象揮之不去。既然上皇一詞會產生雙重權威，便有人提議最好不要略稱，直接以

「太上天皇」來稱呼比較適合。

該居住在何處才好？

今上天皇生前退位後的住處也是不可忽視的問題。

一般天皇的居處被稱作「御所」，現今天皇與皇后陛下便居住在皇居內吹上御苑一角的御所。此乃興建於一九九三（平成五）年，總面積達四千九百四十平方公尺的兩層樓鋼筋混凝土建築。

然而天皇一旦生前退位就不能住在御所。由於御所將由新任天皇陛下入住，目前最可行的方案是讓今上天皇遷居至現任皇太子殿下的居處，即位於赤坂御用地內的「東宮御所」。東宮御所也曾是今上天皇在皇太子時代的住處，因此有人提議不如改建該處作為新居使用。

負責照顧退位後天皇與皇后陛下生活起居的侍從職也將跟著異動，在天皇退位後會另外增設上皇職。現在侍從職約有八十名職員，一般認為在退位後極有可能轉為與現今東宮職相同的五十人體制。相對地，當今皇太子殿下遷移到皇居內的御所後的新侍從職將變為八十人，不另設東宮職。

不僅如此，連擁有皇位繼承第二、第三順位親王的秋篠宮家也會產生變化。當皇太子殿下即位為新天皇時，秋篠宮殿下將變成「秋篠宮皇嗣殿下」。有鑑於此，目前日本政府正在討論是否規劃新的皇嗣職體制，將職員人數從現在的二十二人增為五十人。

除此之外也有人認為應該具體定義今上天皇退位後將從事哪些活動。畢竟天皇所肩負的公務，其意義仍不同於一般皇族。像是如果讓天皇陛下在退位後也有公務在身，恐怕會影響其他皇族的公務，因此最好有所節制；為避免涉及政治，公務應僅止於接待海外國賓的程度等，各方意見頻出。

皇位僅限男系男子繼承，為何會如此規定？

現在的皇位繼承者僅有四人

自一九六〇（昭和四十）年秋篠宮殿下出生以來，日本皇室已經很久沒有男丁誕生。這也使得媒體開始大幅關注皇位繼承問題，直到二〇〇六（平成十八）年九月六日，秋篠宮家迎來了悠仁殿下的誕生。這麼一來，皇位繼承順序便由悠仁殿下緊接於皇太子殿下及秋篠宮殿下之後排名第三，皇位繼承問題暫時得到緩解。

話雖如此，並不表示能一直這樣拖延下去。根據《皇室典範》第一條規定「皇位由皇統男系男子繼承」，包括悠仁殿下在內，目前僅有四名皇位繼承者。因此，輿論也開始出現考量到將來，是否有必要讓女性皇族也擁有皇位繼承權的意見。

根據明治時代的《舊皇室典範》規定，即便是天皇與側室之間誕生的庶子，在沒有嫡出皇子或嫡男系嫡出皇孫的情況下，也會產生皇位繼承權。然而在戰後修訂的《皇室典範》中，已不再承認側室與庶子。

在這之後，一九六五（昭和四十）年到一九八七（昭和六十二）年間是擁有皇位繼承資格的皇室男性人數最多的時期，當時有多達九位皇位繼承者。可是到了現在，人數卻驟減至四名。

「萬世一系」代表的意義

說起來，為何僅限皇統男系男子繼承皇位呢？原因只有一個，那就是「因為從古至今都是這麼做」的。

根據記載建國起源的《日本書紀》，提到神武天皇是在紀元前六六〇年即位成為初代天皇。自此已過了二千六百年以上，到今上天皇為止共計已有一百二十五代天皇繼承皇位至今（當然其中也有尚未證實其存在的天皇）。

在漫長的歷史當中，日本皇室一直堅守「天皇乃萬世一系」原則。所謂萬世一系是指長期維持同一系統，在日本則是指連綿傳承並守護單一血統。這是在世界上其他國家絕對看不到的現象。

一直到二十世紀初為止，俄國、德國、奧地利等雖然有過皇帝，可是後來幾乎所有國家都從君主制轉型為共和制，導致皇帝地位消滅。如今仍有皇位繼承的國家，幾乎只剩下日本。

過去日本也曾出現過女性天皇。不過，除了因皇位繼承者年幼等理由而暫時擔任「過渡角色」的女性天皇，都仍然遵守由男系天皇繼位的傳統。日本皇室正是一路承繼了天皇家的男系血脈，這也是皇室能一直作為日本人精神支柱之故。

正因如此，後面會談到的「承認女系天皇」並非三言兩語就能解決。一旦誕生了出自女系的另一條血脈，自古傳承下來的系譜就會中斷。

是否該維持男系天皇一事必須充分聽取日本國民的意見，慎重進行討論才行。

「女性天皇」與「女系天皇」有何不同？

似同實異的女性天皇與女系天皇

在最近皇室相關新聞當中，除了天皇生前退位問題外，女性天皇及女系天皇問題也是蔚為討論的對象。

這個問題在二〇〇四（平成十六）年引發廣大議論。當時，根據《皇室典範》規定的皇位繼承順序，第一順位是皇太子德仁殿下，第二則是其弟秋篠宮殿下。接著第三順位是今上天皇之弟常陸宮殿下，第四順位則是昭和天皇之弟，即今上天皇叔父的三笠宮崇仁親王。也就是說，出現了第三順位以後的人選全都是與今上天皇同世代或是更年長者的情況。

因此日本政府召開有識者會議，討論「皇位是否可由非皇統男系男子繼承？」然而這已經不單是「是否承認女性天皇」的問題，甚至牽涉到「是否承認女系天皇」。

女性天皇與女系天皇。乍聽之下，這兩個名詞並沒有太大的差異。可是其含意卻大不相同。

顧名思義，所謂女性天皇即意味著由女性繼承皇位。相較之下，女系天皇則意味著只有母方繼承天皇血統（皇統）。

我們先假設皇太子一家的長女愛子殿下獲准繼承皇位。由於愛子殿下乃今上天皇的長子，也就是皇位繼承順位第一的皇太子之長女，若將來愛子殿下即位，便成了「女性天皇」。

接著假設愛子殿下結婚並產下一名男嬰。由於只有母方繼承天皇血統，若將來愛子殿下之子繼承皇位的話，即使是男性也會屬於「女系天皇」。

以萬世一系的傳統為背景

眾所皆知，現在的《皇室典範》並不承認女系天皇。《皇室典範》第一條明文規定「皇位由皇統男系男子繼承」，因此愛子殿下無法即位為女性天皇。就算將來產下男嬰，這

女性天皇與女系天皇的不同

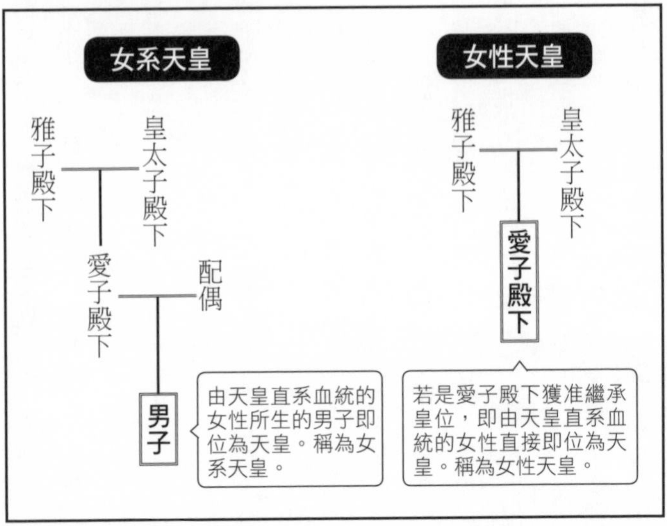
女系天皇
皇太子殿下
雅子殿下
愛子殿下
配偶
男子
由天皇直系血統的女性所生的男子即位為天皇。稱為女系天皇。
女性天皇
皇太子殿下
雅子殿下
愛子殿下
若是愛子殿下獲准繼承皇位，即由天皇直系血統的女性直接即位為天皇。稱為女性天皇。

個孩子也會因為屬於「女系」而從一開始就被排除在皇位繼承候補之外。

但若是說起「女性天皇」，情況則大不相同。翻開歷史，在古代曾出現過許多女性天皇（請參照第206頁），諸如名留青史的日本第一位女帝推古天皇、皇極天皇、持統天皇、元明天皇、元正天皇、孝謙天皇等。而在江戶時期也有女性天皇在位，即明正天皇與後櫻町天皇。

到了明治時代，由皇統男系、具有皇族身分者繼承皇位成為潛規則，在這個時間點其實尚無關於皇位繼承順序的明確規定。一直到了一八八九（明治二十二）年制定《舊皇室典範》後，才明文規定皇位繼承與繼承順位。

而後，於戰爭剛結束的一九四七（昭和二十二）年修訂了現行的皇室典範，才規定繼承者皇位者為繼承天皇血統的男系男子。這可說是近年引發女性天皇及女系天皇問題的濫觴。

二〇〇四（平成十六）年當時，由於皇太子一家除了愛子殿下外沒有其他子嗣，擔憂日本皇室未來的聲浪因而逐漸升高，興起一股「應該修改《皇室典範》，讓愛子殿下繼承皇位」的主張。

只是，並非所有人都贊同上述意見。像是有人提出「過去的確出現過女性天皇，不過全都僅限一代，他們的子嗣並沒有繼承皇位，也就是說女系天皇並不存在」來加以反駁等等，認為修改《皇室典範》須慎重考量的聲音也不在少數。

有關皇位繼承的討論會如此白熱化，其背景在於日本特有的歷史，也就是前述的「萬世一系」。萬世一系可說是日本引以為傲的歷史；然而為了維護這個傳承，卻又衍生了其他問題。

結婚

由於真子公主訂婚而日益嚴重的脫離皇籍問題

結婚儀式前須舉行諸多宮中儀式

二〇一七（平成二十九）年五月，日本皇室突然傳出好消息。秋篠宮家的長女真子殿下（內親王）與大學同學小室圭先生訂婚，預定將於二〇一八（平成三十）年結婚。

此乃繼今上天皇的長女紀宮殿下（黑田清子）於二〇〇五（平成十七）年與任職於東京都廳的黑田慶樹先生成婚以來有內親王論及婚嫁。真子殿下的婚事是日本皇室睽違十二年的喜事，對天皇、皇后陛下而言也是頭一次迎來孫子的婚事。

真子殿下與小室先生今後將先舉行諸多儀式，接著才舉辦結婚儀式。

首先會由未婚夫小室先生的使者攜帶納采禮品拜訪皇居，稱為「納采之儀」；其次是「告期之儀」，由拜訪皇居的小室先生的使者告知婚禮日期。

當婚禮將近時，真子殿下必須到皇居內祭祀歷代天皇、皇族之靈與眾神的宮中三殿參拜，舉行「拜謁賢所皇靈殿神殿之儀」；接著在結婚儀式數天前會舉行「朝見之儀」，即真子殿下在天皇與皇后陛下膝前表達感謝之意。

等到婚禮當天，新郎方的使者必須到宮廷迎接真子殿下，即「入第之儀」。至此身為皇族的儀式才終告結束，可以正式舉行婚禮。

女性皇族與女系皇族的資格問題

真子殿下的訂婚及結婚被媒體報導後，日本全國上下都圍繞著一股祝賀的氣氛。然而在另一方面，也有人指出為今後的日本皇室感到擔憂。

根據《皇室典範》規定，真子殿下將於結婚後脫離皇籍，然後與一般國民一樣辦理住民登記，並擁有選舉權等。或許有人會認為這又不會造成任何問題，不過脫離皇籍就意味著皇族的減少，在將來有可能演變成關乎皇統存續的局面。

在此我們不妨試著設想當皇位繼承順位第三的秋篠宮家悠仁殿下成人後的情況。事實上皇族內與真子殿下年紀相仿的世代中，除了悠仁殿下以外全都是女性。換句話說，當悠仁殿下成人時，身邊很有可能不存在任何年齡相近的女性皇族。

至此，才使得是否應修改《皇室典範》承認女性宮家的議題又再度引發討論。根據現行法規，未婚的女性皇族與一般男性結婚後就得脫離皇室。然若考量到皇統的存續，就有必要考慮修改制度，讓女性皇族在婚後也能留在皇室，具體而言即設立女性宮家。

今後除了真子殿下以外的年輕女性皇族也可能陸續結婚。包括僅限皇統男系男子繼承皇位的大原則在內，該如何應對此一事態極可能引發廣大議論。

從平成邁向新元號，下一個新元號是什麼？

生前退位後的新年將更改元號

二〇一六（平成二十八）年七月，媒體報導今上天皇以年事已高為由表明希望於在世時辭退皇位，即生前退位。對此日本政府於是朝著在二〇一八（平成三十）年十二月二十三日天皇誕辰當日舉行生前退位，並由新天皇即刻即位的方向進行籌備。

而隨著新天皇即位還有另外一個重大事項，那就是改用新的元號。

這次生前退位是繼一八一七（文化十四）年光格天皇退位以來睽違約二百年的大事，也是明治以後的首例。然而這次元號的變更有別於天皇駕崩時的情況，較容易預想在退位前應籌備哪些事宜與時程如何安排等，因此據說日本政府會以新天皇即位半年前至數個月前為基準，來擬定發表新元號的排程。此外，啟用新元號的時期則以二〇一九（平成三十一）年元旦為最有力的方案。

談起了新元號，相信不少人會抱有單純的疑問：為何每當天皇輪替就得更改元號？答案很簡單——「因為法律有明文規定」。

與元號相關的《元號法》成立於一九七九（昭和五十四）年並於同年實施，這是由於當時昭和天皇年事已高，有人指出有必要整頓法律而加以制訂的。該法令明文規定，「元號僅限皇位繼承時得以更改」，這也被稱為「一世一元制」。

其實早在一八八九（明治二十二）年制定的《舊皇室典範》中，就已明文規定一世一元制。不過後來在修訂《皇室典範》時省略了元號相關條目，因此才會重新將相關內容法制化。

說起來，一世一元制是進入明治時代才有的制度，在這之前除了天皇輪替外，每逢吉事或遭逢天災異變時也會改元。在江戶時代長達二百六十年的期間，就曾更換了三十五次元號。

但過度頻繁變更元號容易造成行政混亂，對於天皇的神格化也有負面影響。據說正因如此明治政府才會在明治元年改採一世一元制。

什麼是最符合元號名的漢字？

當初發表現在的元號「平成」時，時任官房長官的小淵惠三站在眾多鏡頭前舉起經過裱框的「平成」二字的場面，相信還有許多人都記憶猶新。

平成這一元號取自《史記》與《書經》，由具權威性的國文學家、中國文學家及歷史學家等提出數個備案，最終在閣議上表決後才拍板決定。至於平成的上一個元號「昭和」則曾發生在大正天皇駕崩後才不過幾個小時，就有媒體獨家報導「新元號為『光文』」，結果七個小時後宮內廳卻發表新元號為「昭和」，這場騷動也驚動了日本社會。

一般國民通常不會被告知有關元號的備選與表決過程。雖然這是理所當然的事，不過多少還是會讓人好奇新元號到底是怎麼決定的。選擇元號的時候有幾個必要條件，首先是符合兩個漢字、易讀易寫、過去未曾作為元號使用以及不落俗套。此外，蘊含符合日本國民理想的意義也是不可或缺的要素。

據說正是基於上述應留意的條件，來選出帶有「治世感」的漢字組合作為元號。新的元號究竟為何，就讓我們一同期待吧。

該如何理解「象徵」的意義？

確立於戰後的象徵天皇形象

相信大部分的人都知道天皇被視為日本國的象徵。日本國憲法第一條便規定「天皇乃日本國的象徵，亦為日本國民統合的象徵，其地位是基於主權所在之日本國民的合意」。

可是，若再進一步詢問何謂「象徵」時，相信不少人會頓時詞窮。「象徵天皇」究竟是指什麼樣的地位，又扮演何種角色，的確讓人難以想像。

若是換個簡單一點的詞來說明，「象徵」或許相當於英語的「symbol」。比方說，白鴿被視為和平的象徵。透過肉眼可見的「白鴿」，我們得以想像「和平」的概念。

在制定日本國憲法時，被問到「天皇為象徵」箇中含意的日本政府曾如此說明：「其意義在於當眾人看著天皇，便能看到日本國及日本國統合的形象」。

所謂「日本國統合的形象」是指「統而合一」。亦即天皇乃作為日本國民統而合一的象徵而存在。

在被定位成「天皇＝象徵」以前，天皇的地位與現在截然不同。根據明治期所制定的《大日本帝國憲法》的解釋，「天皇乃唯一主權者，位居治理國家之位」，同時亦身兼大元帥，為統帥陸海軍之首。換句話說，天皇不論在國政還是軍事上均處於積極主動的立場。

不過在以國民主權為依歸的現行《日本國憲法》中，天皇在國政方面是消極被動的，也就是說天皇不被承認在政治上發表任何主張或行使權利。憲法規定天皇的職責僅止於形式及禮儀範疇，其角色不過是基於日本國民總意的象徵，雖可「行使國事行為（日本國憲法第七條）」，然而「天皇有關國事的一切行為，須經過內閣的建議與承認，其責任由內閣承擔（日本國憲法第三條）」。

天皇表明生前退位的意義

今上天皇自即位以來一直是作為「國民的象徵」的天皇，從跨出身為天皇的第一步起，立場便有別於曾歷經集強權於一身的昭和天皇。而他本人也相當了解自己的立場。

從天皇在二〇一六（平成二十八）年八月表明生前退位想法的談話當中，也提到身為象徵天皇的現況。以下節錄相關部分：

「自即位以來，在日復一日處理國事行為的同時，我也持續摸索在日本國憲法下被定位為象徵天皇的理想姿態。身為繼承傳統之人，我深切體認延續並守護傳統的責任之重，亦不斷思考面對日新月異的日本及世界，日本皇室該如何讓傳統存續於現代、充滿朝氣地深入社會，以及回應人民的期許，直至今日。」天皇如此說道。

從這段談話可以看出天皇陛下時常思考「什麼才是理想的象徵天皇的舉止」，一路走來也積極挑戰與國民交流、接觸各領域的機關與團體等，以誠實無虛的態度面對每一天。

今上天皇前往災區視察、與受災民談話時，和皇后陛下兩人總是真摯地俯身傾聽並予以對答。這般舉動可謂體現了親民的象徵天皇姿態，也可以說就此奠定了平成風格的天皇形象。

第二章

皇室的構造

皇室のしくみ

似同實異的「皇室」與「皇族」定義為何？

皇族並不包括天皇

電視等媒體經常會報導天皇陛下及其周遭人士。而每當收看皇室相關新聞，常常會聽到「皇室」與「皇族」這兩個用詞。

「皇室」與「皇族」看似相似、意義相同，但其實這兩個用詞視情況在使用上有明確的區分。

兩者的不同之處在於「皇族」不包括天皇，「皇室」則包含天皇。換句話說，「皇族」指的是繼承天皇血統的一族，故不包含天皇本人。若是翻閱《日本國憲法》第二條所明記之規定皇位繼承順位及身分的《皇室典範》，當中也提到「天皇乃獨立的存在」。

相較之下，「皇室」一詞則意指「以天皇為中心的家系」，因此有包含天皇在內。

皇族又可細分為親王、王及王妃等

那麼皇族又有哪些成員呢？雖然都統稱為皇族，其地位與身分都還能加以細分。這般皇族所具備的身分及地位，被稱作「身位」。

首先，現任天皇陛下（今上天皇）的妻子（妃）美智子為皇后陛下；天皇的母親，即前任昭和天皇的妻子在世時，其身位為皇太后。若繼續往上追溯，即比皇太后再前一任的皇后，其身位則為太皇太后。

其次，位居皇位繼承第一順位，繼承下任天皇的皇子身位為皇太子，其妻子為皇太子妃。現任皇太子正是德仁殿下，皇太子妃則是雅子殿下。

而下下任天皇，亦即皇孫的身位則稱之為皇太孫。現階段，秋篠宮家的長子悠仁殿下即為皇太孫。等將來悠仁殿下結婚時，其妻子便稱為皇太孫妃。

至於若是天皇與皇后陛下的子女，男性一律稱作親王，其妻則稱作親王妃。目前來說親王共有四位，即德仁皇太子、其弟秋篠宮文仁殿下、秋篠宮家的皇太孫悠仁殿下以及今上天皇之弟常陸宮殿下。

另一方面，天皇與皇后陛下之間所生的皇女以及天皇的姊妹等，一般稱為內親王。

例如皇太子的長女愛子殿下、秋篠宮家的長女真子以及次女佳子殿下。此外，秋篠宮紀子殿下、昭和天皇的三弟三笠宮家之妻百合子殿下、其長子寬仁殿下之妻信子殿下以及寬仁殿下之弟高圓宮憲仁殿下之妻久子殿下，則稱作親王妃。

順帶一提，諸如雅子殿下及秋篠宮家的紀子殿下這般從民間嫁入皇室的女性，婚後便成為皇族。除此之外，離天皇三等親以上的男子身位稱作王，王的妻子為王妃，離天皇三等親以上的女子身位則稱作女王。以上總稱為「皇族」。

皇室構成圖（截至 2017 年 8 月）

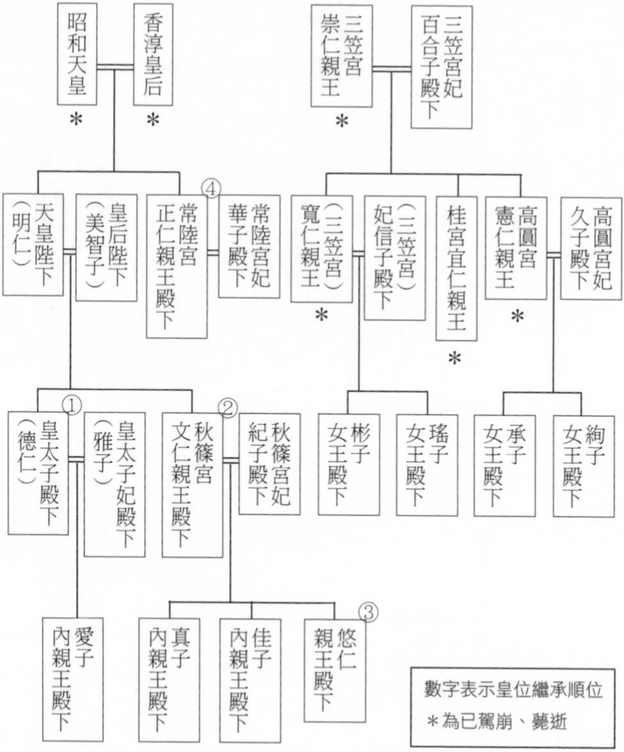

秋篠宮、常陸宮、三笠宮……擁有宮號的皇族一家

現今有四個宮家

「宮家」一詞也與皇族、皇室一樣常出現在新聞中。說起來，宮家究竟是指什麼？

近年宮家的創立發生在一九九〇（平成二）年，當皇太子殿下之弟禮宮殿下與川嶋紀子小姐於六月二十九日結婚時，創設了秋篠宮家。此乃最新創設的宮家。

從上述事例可知，相對於繼承家業的長子，宮家是指次子及三子獨立之際所賜予的名號。換言之，冠上宮家名號就象徵著具備皇族的身分。話雖如此，宮家不過是方便稱呼所取的名號，並非由法制所規定。

現在日本皇室有四個宮家，除了前面提到的秋篠宮家外，尚有昭和天皇的次子，今上天皇之弟所創設的常陸宮家、昭和天皇的么弟所創設的三笠宮家以及三笠宮家的三子

所創設的高圓宮家。如今昭和天皇之弟秩父宮殿下與高松宮殿下的宮家已經斷絕，宮家有逐漸減少的傾向。

諸如秋篠宮及常陸宮等宮家名號，稱作「宮號」，在皇族獨立之際由天皇贈予。依照慣例，宮號大多取自自古以來就存在的地名，例如三笠宮的宮號取自奈良的三笠山，而常陸宮則取自茨城縣的舊國名常陸國。

另外，有不少人將這個宮號與作為親王及內親王幼時稱號的宮號（例如皇太子殿下稱作浩宮，秋篠宮殿下為禮宮，常陸宮殿下則為義宮等）混為一談，其實兩者截然不同。幼時的宮號是當親王或內親王誕生時，在命名的同時由天皇所賜予，一旦獨立創設宮家並獲賜宮號之後便不會繼續使用（請參照第58頁）。

與宮家減少有關的GHQ

宮家的歷史可追溯到遙遠的鐮倉時代，當時的天皇家為避免象徵天皇血脈的皇統面臨斷絕危機，因而創設了代表具備皇族身分的宮家。其後宮家數量陸續增長，到了明治時期，光是非天皇直系的宮家就有十五家之多。

但日本在太平洋戰爭的落敗卻大幅改變了宮家歷史。一九四七（昭和二十二）年十月，接管日本的GHQ（盟軍最高司令官總司令部）不但下令剝奪非天皇直系的十一個宮家身為皇族的財產特權，同時也命令他們脫離皇籍。

這項舉措使得山階宮、賀陽宮、久邇宮、梨本宮、朝香宮、東久邇宮、北白川宮、竹田宮、伏見宮、閑院宮及東伏見宮這十一個宮家跟五十一名皇族因此被迫脫離皇籍。

而命令背後的目的在於將皇室財產收歸國庫，以確保戰後復興所需的財政基礎，同時藉由縮小皇室的財政來減輕營運上的負擔。

然而時代已有所改變，如今隨著皇室的皇位繼承問題浮上檯面，因此也出現了是否應該讓舊宮家復活的意見。

令人意外的是皇室成員其實沒有選舉權

皇室成員受到各種限制

皇室成員雖然也是擁有日本國籍的日本國民，但實際上卻並未完全享有一般國民應當的權利。下面就來具體介紹皇室成員所沒有的權利。

首先是關於選舉的各項權利。皇室成員既沒有選舉權，也沒有被選舉權。就算有支持的政治家也無法在選舉時投票，更甭說成為選舉的候選人。

這是因為皇室成員沒有戶籍（請參照第54頁）。既然皇室成員不適用戶籍法，當然也就無權享有選舉權及被選舉權。

此外，皇室成員只要沒有脫離皇籍，就不能搬遷或是脫離國籍在國外定居。唯一可能的就只有前往海外留學體驗國外生活。

或許各位會認為，那只要脫離皇室身分不就行了？可是皇室成員卻連這麼做的自由也沒有。

過去曾以「鬍子殿下」之名廣為人知，作為皇室評論家而大為活躍的三笠宮寬仁殿下就曾在某家月刊雜誌上提出對於身為皇族的不滿。

其中，寬仁殿下坦言皇族並沒有醫療保險，他自己就曾因病住院十幾次，期間的費用幾乎都是自費；不僅如此，他還抱怨在札幌奧林匹克運動會組織委員會事務局擔任職員、起薪僅四萬日圓的時期，卻還得負擔國民保險、社會保險、厚生年金、住民稅以及失業保險。

實際上，天皇陛下及皇族成員都沒有健保卡。如果在宮內廳醫院接受治療就免付醫療費，但若是在其他醫院接受治療就得全額自費（請參照第112頁）。

除此之外，結婚自由也受到限制。若沒有通過皇室會議決議，就無法結婚。

而關於天皇陛下與皇太子殿下的限制更是嚴格。舉例來說，他們被要求專於公務，而且沒有選擇職業的自由。其他皇族成員雖然能夠就業，卻僅限任職於財團法人及社團法人等公家機關（請參照第106頁）。

由此可見皇室成員因受到自身立場的限制，在各方面其實都有諸多不便。

皇室成員沒有戶籍，也沒有姓氏

何謂代替戶籍的皇統譜？

證明自己是日本人的官方證明文書稱作戶籍，其上除了記載本籍地外，亦記載個人的姓名、出生年月日及性別等，同時也會註明與父母的親屬關係。

戶籍法最初制訂於一八七一（明治四）年，其後經過多次修正，現行的戶籍法則是在一九四七（昭和二十二）年制訂。後來隨著民法修正，既有的戶籍法也進行全面修訂，於隔年一九四八（昭和二十三）年一月一日起實施。

戶籍會設置在本人的本籍地所在之行政區域，作為公文妥善保管，從一個人出生到死亡，甚至親族關係都能夠一覽無遺。

然而，照理來說適用於所有日本人的戶籍法卻也有例外的對象，那就是以天皇陛下為首的皇室成員。也就是說皇室成員並不具備戶籍。

不僅如此，皇室成員也沒有能登記在戶籍上的姓氏。回顧歷史，天皇乃是授予姓氏的一方，沒有必要擁有姓氏，而這項傳統也一直延續至今，可以說是日本皇室的一大特徵。

皇太子妃雅子殿下與秋篠宮妃紀子殿下都是在結婚時捨棄了舊姓小和田及川嶋，因此在婚後便不再擁有姓氏。

女性一旦嫁入皇室捨棄姓氏後，其名字會登記在相當於皇室戶籍的「皇統譜」上。皇統譜可分成「大統譜」及「皇族譜」兩種。

大統譜除了記載天皇與皇后的名字外，亦收錄歷代天皇、甚至上溯到神代時期天照大御神的系譜。上面詳細記載了名字、出生年月日、出生時刻、場所、天皇即位後首度舉行的儀式「大嘗祭」的日期、舉行結婚之儀的日期、忌日以及陵墓名稱等。

另一方面，「皇統譜」則記載了天皇與皇后以外的其他皇室成員。天皇陛下的繼承人皇太子殿下一開始也會記載於皇統譜之上，等到即位為天皇後便會改記載於大統譜。

大統譜與皇統譜均由宮內廳長官負責編纂，再由宮內廳書陵部長署名。而後，正本會由宮內廳書陵部保管，副本則交由法務省保管。

為何皇太子殿下被稱作「東宮」？

「東」為吉祥方位

皇太子一家的居所並非皇居，而是在位於東京都港區元赤坂的赤坂御用地的東宮御所。東宮御所這個詞彙，在收看新聞報導的時候應該時有耳聞。

那麼，「東宮」一詞究竟具有什麼意義呢？

在古代中國，東宮是指皇太子居住的宮殿，後來引申為皇太子之意，其背後的緣由是源自將東方視作吉祥方位的思想。

自古以來，東方被認為是象徵萬物生成的春季的方位，因而東方與春季都同樣被視作充滿了年輕的生命力。此外，春在易學裡位於「震卦」，而震則意味著長子。

於是「東宮」便用來指稱皇太子本身及其住處。此外出於東與春的對應關係，東宮亦可寫作「春宮」，日文發音則唸作「Tougu」。

赤坂御用地位於皇居的西南西方向約兩公里處，在占地面積達五十萬八千九百二十平方公尺的廣大腹地內除了皇太子一家，亦建有秋篠宮一家、三笠宮妃一家以及高圓宮妃一家等各宮家的宅邸。

皇太子殿下大多會在東宮御所執行公務。御所內除了一家人日常生活的私人住所以外，亦設有「日月之間」、「檜之間」等專門用來與訪客會面的房間。換句話說，東宮御所亦具備了宮殿一般的機能。

當然，皇太子殿下也常因公務訪問天皇與皇后陛下所居住的皇居。不僅會出席皇居內招待外國賓客的宮中晚餐會及午餐會，也會參加歌會始（請參照第182頁）等宮中例行活動。

另外，當天皇陛下前往國外訪問或身體微恙時，皇太子殿下就必須代替陛下處理國事，並前往皇居執行公務，而非東宮御所。因此東宮御所及皇居都會是皇太子殿下的辦公地點。

稱號與宮號

以前稱作禮宮殿下，現在稱作秋篠宮「稱號」與「宮號」的不同

一般常以「〇〇宮」稱呼皇室成員。但各位可知道，其實「〇〇宮」的稱呼分成兩種，而且意思截然不同。

亦即「稱號」及「宮號」。

「稱號」如字面所示，意指「稱呼的名號」，原是用作以名字之外指稱特定人物的稱呼。其後開始用於皇位、王位及王室等，而在日本皇室當中則變成天皇直系的親王與內親王幼時的名稱。也就是說，只有天皇及皇太子的子女才能在幼時擁有「〇〇宮」的稱號。

舉例來說，今上天皇的稱號是「繼宮」。皇太子殿下的稱號為「浩宮」；其弟秋篠宮殿下為「禮宮」；長女清子殿下（黑田清子）則為「紀宮」。

皇太子殿下的長女愛子殿下為皇太子的直系血親，擁有「敬宮」的稱號，而皇位繼承順位第三的悠仁殿下則非皇太子直系血親，所以沒有稱號。秋篠宮家的真子殿下及佳

子殿下也是一樣。

稱號的授予須遵照嚴謹的程序。

以愛子殿下為例，愛子殿下出生的五天後，天皇陛下就派遣了宮內廳長官傳達授予新宮愛子殿下名號的旨意。

其後，就會在名為大高檀紙的大張厚質和紙上寫下包括稱號及名字的「名記」，放入菊紋檜木箱內，由宮內廳長官交給侍從長，再轉送到皇太子殿下手上，正式決定稱號。名記為天皇陛下的宸筆（真跡），會送到宮內廳醫院，放置在剛出生的愛子殿下枕邊。至此，完成「命名之儀」。

另一種「〇〇宮」即「宮號」，例如「秋篠宮」、「三笠宮」等，是當皇族獨立出來、成立新宮家時，作為家名時使用的（請參照第48頁）。

基本上，當天皇直系血親結婚獨立之際，天皇就會授予宮號。秋篠宮取自奈良的「秋篠川」，常陸宮是取自茨城縣的舊名「常陸國」，三笠宮則是取自奈良的「三笠山」。

天皇及皇太子滿十八歲即成年，而非二十歲!?

以成年為起始，開始執行公務

「滿二十歲才能飲酒」在日本是眾所皆知的常識。二十歲是日本的法定成年年齡，每年一月的「成人日」，剛滿二十歲的新成人會身著華麗的和服或袴裝參加成人式。

不過日本皇室的成年年齡與一般人不同。根據《皇室典範》規定，「天皇、皇太子及皇太孫年滿十八歲即成年」，也就是說，這項規定並非適用於所有皇室成員，僅適用於皇位繼承者。究竟為什麼會有如此規定呢？

這是因為考慮到即位年齡。

如果未成年即位的話，就得設置攝政輔佐年幼的天皇。為縮短攝政期間，才會規定皇位繼承者年滿十八歲即成年。今上天皇於一九五二（昭和二十七）年十一月十日，在當時的皇居臨時宮殿舉行成年式。其實原本應該於十一個月前的十八歲生日舉行成年式，但由於當年天皇的祖母貞明皇后薨逝，因而延期舉辦。

關於服裝方面，雖有人提議不妨改穿燕尾服等洋服，最後天皇還是按照慣例身著束帶[1]出席成年式「加冠之儀」。

至於現任的皇太子，由於年滿十八歲時尚未成為皇太子，因此他與其他皇族成員一樣，在一九八〇（昭和五十五）年二月二十三日的二十歲生日當天，以親王的身分參加成年式。皇太孫於天皇在位期間邁入成年，可說是皇室史上頭一遭。

皇太子殿下身穿未成年的儀服黃丹闕腋袍，頭戴空頂黑幘，在加冠之儀上換上象徵成年的燕尾纓冠。這是成年式中最重要的儀式。

當時，皇太子殿下只是個就讀學習院大學的大學生，以成年式為起始，開始出席各項官方活動。

此外，日本政府正以將民法的成人年齡下修至十八歲為目標協調中，預計於二〇二一年實施。

1 束帶，自平安時代以來為天皇以下的公家的正裝。

「菊御紋」如何成為天皇家的紋章？

十六瓣八重表菊的權威

提到家紋，就會想到德川家的葵紋、豐臣家的桐紋以及真田家的六文錢等眾所皆知的家紋，而天皇家也有紋章，通稱「菊御紋」。

除了菊御紋外，以菊為主題的家紋也不下少數。其中，將菊花瓣圖案化的稱作「菊花紋章」，皇室的紋章亦屬於此類。象徵天皇與皇室的菊花紋章，使用以八重菊設計的「十六瓣八重表菊」。

據說日本是從平安時代開始使用紋章的，公家會在衣服上加上偏好的紋樣作裝飾，成為一種競相爭艷的時尚。

進入鎌倉時代後，紋章不再專屬於公家世界，武士也開始使用。使用範圍也擴及懷紙、刀劍的裝飾等，不再侷限於服裝。而天皇家也是從這個時代開始使用菊花紋章。

菊花原產於中國大陸，而非日本，到了奈良時代才作為觀賞用菊傳入日本。菊花輸入日本國內後，被譽為充滿高潔之美，與梅、竹、蘭並稱為君子之花，受到眾人喜愛。

據說後鳥羽上皇對菊花情有獨鍾，便以菊花紋章作為個人象徵。自此以後，歷代天皇開始使用菊花紋章，逐漸變成皇室的紋章。

到了一八七一（明治四）年，規定只有天皇家才能使用菊花紋章，自此菊花紋章成為眾所皆知的高貴紋章。

根據一九二六（大正十五）年制定的《皇室儀制令》規定「依照下列樣式，採用十六瓣八重表菊形作為紋章」，菊花正式成為皇室紋章。在此契機下，天皇與皇后等天皇家直系開始使用十六瓣八重表菊，其他皇族則是使用十四瓣一重裏菊作為紋章。

《皇室儀制令》於戰後的一九四七（昭和二十二）年廢止，直至今日，十六瓣八重表菊御紋仍然是獨一無二的紋章。在法律上，菊花紋章具有與國旗同等價值，設計相仿的商品也無法登錄成為商標。

今上天皇的徽印為「榮」，皇后的則是「白樺」天皇與皇族的象徵徽印

皇室成員各自擁有專屬徽印

天皇陛下與皇族成員各自擁有專屬的「徽印」。徽印是指天皇陛下及皇族成員身邊物品上所印有的印記，每位成員都獲賜不同的徽印。徽印的起源據說是源自江戶後期光格天皇賜給子女的印記，明治時代後才開始成為常態。另外也有說法指出，徽印原是宮廷中女性之間流行的習俗。

徽印除了作為徽章外，亦用於宮家成立時所製作的各項物品，或是刻在祝賀儀式的糖果盒（作為祝賀贈品的置物盒）上，可說是皇室成員個人的象徵標誌。

舉例來說，今上天皇的長女紀宮殿下（黑田清子）婚禮的紀念品正是印有其徽印「未草」印的陶製糖果盒。

此外，諸如皇后美智子陛下、皇太子妃雅子殿下、秋篠宮妃紀子殿下等從民間嫁入皇室者的徽印，則是在結婚時決定。

接著就來介紹皇室成員的徽印。

今上天皇的徽印是「榮」（桐的別稱）字印。作為天皇長子誕生者，其徽印固定是文字印。美智子陛下則為「白樺」印。眾所皆知，美智子陛下是在輕井澤的網球場與天皇陛下相遇並相戀，而白樺正是輕井澤的象徵才採用的。

皇太子殿下的徽印照理說該是文字印，但由於出生時的身分為皇太孫，而非皇太子，因此採用「梓」為徽印。雅子殿下為「玫瑰」印，愛子殿下則是「白八潮」印。白八潮是初夏綻放的美麗白色杜鵑。那須皇室別邸內也種有白八潮，據說皇太子與雅子殿下非常喜歡這種花，故採用白八潮作為愛子殿下的徽印，希望她「擁有一顆純真的心」。

皇太子殿下的弟弟秋篠宮殿下則為「鐵杉」印。在昭和天皇曾進行過植樹活動的高野山保護林中，有六種受到妥善保護的樹，稱作「高野六木」，而鐵杉就是其中一種。紀子殿下為「山鳶尾」印，真子殿下為「木香花」印，佳子殿下為「黃槿」印。而長子悠仁殿下則是使用高三十～四十公尺的日本原生常綠樹「日本金松」印，期望他「長得高大且正直」。皇室成員的徽印雖然都是植物，但其實也不是非得選植物才行。

語氣優雅的宮中獨特用語

語氣優雅的宮中用語

在宮中這樣獨特的世界，用語也自成一格、與一般日語不同，稱為「宮中用語」。舉例來說，幼童稱呼父母的用語，像是稱父親為「御父様」（Omousama）、母親為「御母様」（Otaasama）等，都是較為人熟知的宮中用語。語氣相當優雅，但也給人一種與世隔絕之感，聽起來像外文。

宮中用語源自室町時代，由在御所間侍奉天皇的女官開始使用。據說宮內的女官有嚴格的階級之分，對天皇必須使用最高級的敬語，因此時常使用丁寧語的「御」（お）。例如米唸作「およね」（Oyone）、鹽唸作「御白物」（Oshiromono）、味噌湯唸作「御御付け」（Omiotsuke）、腳唸作「御御足」（Omiashi）等。此外，為了讓語氣婉轉，也

常在語尾加上「もじ」（Moji）這樣的文字詞，例如「かもじ」（頭髮，Kamoji）、「すもじ」（壽司，Sumoji）、「たもじ」（章魚，Tamoji）、「おめもじ」（見面，Omemoji）等。

另外，也會盡可能避免使用庸俗的用語，改用高雅的隱語來替代，像是以「御宝」（Otakara）指稱金錢，「難しい」（Mutsukashii）指稱價格昂貴，是宮中用語的一大特徵。

宮中用語的措辭婉轉有禮，不禁讓人聯想到宮中女性的高雅姿態。

自從昭和天皇著手改革女官制度後，宮中用語逐漸在宮內消失，現在均使用一般用語。當然，宮中人員的用字遣詞還是相當慎重。

儘管有這些禮節，美智子陛下還是會暱稱子女為「小德」（ナルちゃん，德仁的第一個字）、「小禮」（アーヤ，禮宮的第一個字）、「小清」（サーヤ，清子的第一個字）。這種與一般家庭無異的稱呼方式，讓人感受到美智子陛下相當重視一家人團聚的溫暖。

宮中用語雖然隨著時代逐漸消失，卻意外地在我們日常用語留下了痕跡。比方說「しゃもじ」（Shamoji，飯匙）、「おかか」（Okaka，柴魚片）、「おむすび」（Omusubi，飯糰）、「おかゆ」（Okayu，粥）、「おひや」（Ohiya，冰開水）等等，都是宮中用語廣為使用的範例。

皇室成員為何大多就讀學習院？

始於在京都建校的學習院

說到皇室子女就讀的學校，腦中第一個浮現的就是學習院。今上天皇與其弟常陸宮殿下從初等科到大學，皇太子殿下、秋篠宮殿下以及紀宮殿下（黑田清子）兄妹從幼稚園到大學，都就讀學習院（紀宮殿下三歲時曾就讀柿之木坂幼稚園）。

學習院的歷史始於幕末時代。一八四七（弘化四）年，朝廷遵照第一二〇代仁孝天皇的遺志開設旨在教育公家的學門所，經過幕府承認後，學習院就此誕生。一八四九（嘉永二）年，孝明天皇下賜學習院敕額，當時作為公家的教育機關設置在京都。

時代從幕末進入明治後，新登基的明治天皇與皇族、公家一同遷居東京。為響應皇室遷居東京，一八七七（明治十）年在東京設立華族學校，明治天皇便將京都的學習院敕額下賜華族學校。

學習院一開始在東京建校時位於神田錦町，而非現在的目白一帶。其後，女子部遷校至四谷尾張町，中高等科則開設在日白高田町，並規定皇族與華族有就讀的義務。一九二六（大正十五）年，在《皇族就學令》第二條明文規定：「皇族男女……須就讀學習院或女子學習院」。

基於上述緣由，皇室成員進入學習院也是自然之事。大正天皇、昭和天皇以及昭和天皇之妻香淳皇后均就讀學習院。

然而，過去理所當然的「提到皇室就想到學習院」風潮在近年有了改變。二〇〇五（平成十七）年，高圓宮妃久子殿下的長女承子殿下，從學習院女子大學轉學到早稻田大學後畢業。其妹絢子殿下也為了攻讀有興趣的福祉領域，而就讀城西國際大學。

不光是高圓宮家。秋篠宮家的長女真子殿下於學習院高等科畢業後就讀國際基督教大學，次女佳子殿下也從學習院大學轉學到國際基督教大學。至於皇位繼承順位第三的長男悠仁殿下也非就讀學習院幼稚園，而是國立大學法人御茶水女子大學附屬幼稚園，之後進入同校附屬小學。或許在年輕一代的皇室成員之間，興起了一股「遠離學習院」的風潮吧。

皇室成員出訪外國不須護照及簽證!?

天皇與皇后陛下出國免護照

天皇陛下等皇室成員常因公務訪問外國，透過訪問能增進彼此的情誼，有助於提升日本的形象。

一般人出國時需要攜帶護照，而皇室成員又是如何呢？關於這點真是令人深感興趣。

首先，天皇與皇后陛下出國不需要護照。不僅如此，也不需要視國家辦理簽證。此乃比照「國家元首不須護照」的國際慣例所採取的措施。

然而，此一慣例僅適用於天皇與皇后陛下。皇太子殿下等其他皇族成員也和一般人民一樣，需要攜帶護照。

那麼，皇族成員拿的是什麼樣的護照？其實皇族成員拿的是特別發行的護照，與一般護照樣式不同。記載事項雖與一般護照相同，不過在官職欄記載著「Member of the Imperial Family」，亦即「皇室成員」（皇太子殿下則是記載「Crown Prince of Japan」）。

此外，皇族成員的護照比照外交官用護照（外交護照）辦理，亦即外交官及大臣因公務飛往海外時所使用的護照。皇太子殿下於一九八三（昭和五十八）年至一九八五（昭和六十）年留學英國時，就是拿外交官用護照飛往歐洲。

外交官用護照的外觀與性質均和一般護照截然不同。首先是外觀，相較於一般日本護照的封面根據有效期限不同有深藍色、紅色之分，外交官用護照則是咖啡色。而首相、大臣及大使等也是使用同款護照。

此外，有效期限也大有不同。一般護照年滿二十歲以上，有效期限可分成五年與十年。然而外交官用護照僅限單次來回。也就是說，皇族成員每次出國都得申辦外交官用護照。或許聽起來會覺得有點麻煩，但皇族成員不用每次親自辦理，而是以宮內廳長官的名義向外務省提出申請後，就能獲得特別發行的護照。

今上天皇是現役駕駛人？皇室成員大多擁有駕照

八十二歲更新駕照的今上天皇

相信各位都在媒體上看過皇室成員在車內揮手，以及搭車前往皇居時的模樣。

這時，皇室成員所搭乘的車基本上都是由宮內廳車馬科的職員負責駕駛。若座車捲入交通事故將會造成嚴重事態，因此職員在駕駛時都相當謹慎。

所以皇室成員都沒有駕照囉？那可不一定。倒不如說有不少皇室成員都有駕照。說出來可別驚訝，就連天皇陛下也擁有汽車駕照。

陛下是於一九五四（昭和二十九）年考取駕照，因此持有駕照的資歷相當長，當時陛下正值二十歲。

考取駕照後，天皇陛下並不完全委任宮內廳職員駕駛，有時也會親自開車兜風。

當天皇陛下還是皇太子時，媒體就曾報導過陛下開車載其妹清宮貴子內親王（島津貴子）去兜風。當時正值戰後經濟復興時期，汽車對平民而言高不可攀，媒體還將報導下標為「皇太子親自駕駛國產車」，國產車因而人氣沸騰。

天皇陛下與美智子陛下結婚後，也常親自開車載美智子陛下外出。一九六五（昭和四十）年，陛下曾在渡假地輕井澤開車送美智子陛下到作家川端康成的山莊，讓川端康成大吃一驚。

陛下現在仍是現役駕照持有者[2]。二〇一六（平成二十八）年一月滿八十二歲的天皇陛下，為了換發汽車駕照參加高齡者講習，並且順利換發新駕照，這很可能是最後一次換證了。

原則上，天皇陛下現在雖然沒有在公用道路上開車，不過皇居內相當寬廣，陛下常駕駛愛車（據說是HONDA INTEGRA）載美智子陛下前往距離御所約一公里的網球場等，享受開車兜風的樂趣。

2 編按：日本的駕照視違規狀況和年齡而定，具有三～五年的有效期限，期滿須至相關單位參加講習、換發駕照。

其他皇室成員的駕駛資歷

那麼今上天皇以外的皇室成員，駕駛資歷又如何呢？

美智子陛下雖在二十年前考取汽車駕照，不過只停留在臨時駕照階段。

皇太子殿下似乎沒有考駕照，不過雅子殿下在嫁入皇室前就已經考取駕照，在渡假地也會開車。

秋篠宮殿下也持有駕照，年輕時以黃色的「Volkswagen Beetle」作為愛車一事曾蔚為話題。紀子殿下於大學時考取駕照，在皇室別邸等也會開車。次女佳子殿下亦考取駕照，曾被目擊到與護衛車一同行駛在公路上、累積開車經驗。

另外，天皇陛下的長女紀宮殿下（黑田清子）也是現役駕駛人，常開著愛車從夫家回皇居探親。

為考取駕照，皇室成員不會與一般民眾一起到汽車駕訓所上課。基於平時有忙碌的公務在身，同時也為了避免為警備體制帶來混亂，通常都是在御用地內練習開車，再到東京都內的駕照考場參加考試。

主導皇室各項活動的重要機關

追溯宮內廳的歷史

宮內廳是負責皇室相關國務事務的機關。簡單來說，宮內廳負責處理皇室相關的所有業務，包括天皇與皇后陛下等皇室成員參加的宮中儀式、訪問國內外各地、與各國間的親善活動等公務，同時負責皇室成員的日常生活等貼身事務。此外，也負責皇室相關文化的傳承、皇居及京都御所等皇室相關設施的維護管理。

除此之外，在國事行為相關文件蓋章用的天皇印章（稱作御璽），以及在象徵國家之外交文件蓋章用的國璽，也是由宮內廳負責保管的，算是較不為人知的重要職務。

那麼，擔任上述工作的宮內廳有何歷史沿革？

早在第四十二代文武天皇在位的七〇一（大寶元）年所制定的《大寶律令》中，就已經出現類似後來由宮內廳所管轄的組織。之後歷經變遷，一八八六（明治十九）年制定宮內省官制，一九〇七（明治四十）年根據皇室令三號進行大幅改革。

到了戰後，宮內省組織被迫進行大規模變革，透過將事務業務及權限移交給其他組織、進行分離獨立等，縮小組織規模。最後宮內省旗下的職員人數，從終戰時的六千二百人以上縮減為一千五百人。到了一九四九（昭和二十四）年變成總理府的外局，名稱也從宮內省變更為宮內廳。

二〇〇一（平成十三）年，作為中央省廳改革的一環，實施內閣府設置法。自此開始至今，宮內廳成為內閣府下的機關。

皇室的「表」與「裏」

現在的宮內廳以宮內廳長官及宮內廳次官為首長，其下分成數個內部部局與地方機關執行業務。職員人數方面，二〇一七（平成二十九）年度計有一千零一十人在籍。由宮內廳長官、侍從長為首的特別職五十二名，以及一般職九百五十八名所構成。

關於內部部局的業務，分成專門受理官廳性質事務的部署以及宮內廳特有部署兩種，可比喻為「表」與「裏」。秘書課與總務課等工作內容明確的工作，稱作「表」；對此，直接照顧天皇與皇后陛下及皇太子一家的侍從職與東宮職，則稱作「裏」。

「表」職包括下列部門：舉行宮中儀式不可或缺的的式部職，由約七十名職員擔任，而在晚餐會等演奏音樂的樂部也屬於式部職；書陵部可分成管理皇統譜及古文書的圖書課、承辦陵墓管理與相關事務的陵墓課、負責編纂歷代天皇及皇族成員之歷史與實錄的編修課等；另外，管理部的大膳課共計二十六名職員任職，從宮中晚餐會、午餐會等的餐點到天皇與皇后陛下的每日飲食，全部一手包辦。大膳課職員必須精通從法國菜到和食等各式料理，同時具備飲食方面的專業知識，部署於各御所。

另一方面，「裏」職則身負天皇一家的私生活事務，負責打理貼身事務、受理賓客來訪及御所管理等。此外，外出旅行時也必須負責確認住宿地點及整理行李等。

另有侍奉皇后陛下的特別職女官長，以及輔佐女官長的女官。而在宮中祭祀繁多的皇室中負責協助祭祀的掌典職員，則屬於私聘職員，包括七名掌典（男性）及四名擔任內掌典的女性職員，薪資均是從天皇一家的內廷費支出。

擔任皇室成員警護工作的「皇宮護衛官」

肩負在最近距離保護皇室成員的重要職務

日本國民對皇室成員相當關注，因此每當皇室成員外出執行公務時，常會聚集人群、爭相目睹其風采。

這種時候，難保不會發生不測。而負責防範於未然的就是名為「皇宮警察本部」的國家機關，亦即皇室版的特勤警察官（Security Police）。

皇宮警察本部負責保護天皇與皇后陛下為首的皇室成員之人身與財產安全。換言之，除了擔任護衛外，也負責御所及皇室別邸的警備工作。

其組織結構可分成護衛部門、警備部門、警務部門以及皇宮警察學校。

護衛部門的使命是確保皇族成員的安全。因此，每當皇族成員外出離開皇居或御所，或是參加各種式典時等，必須在最近距離用自己的身體進行護衛。

而警備部門最活躍的時候，則是在天皇誕辰、新年一般參賀、園遊會等舉行活動之日。不光是皇居，警備部門也會在赤坂御用地、京都御所、大宮仙洞御所、桂離宮、修學院離宮、正倉院及各皇室別邸等執行警備任務。

至於警務部門則負責構思皇宮警察的勤務體制、聘用、人事、教育、預算及福利待遇等，以便皇宮警察的活動能夠順利運行。部門內亦組成音樂隊，在園遊會等皇室活動中進行演奏或舉辦演奏會等，擔任宣傳的角色。

皇宮警察本部誕生於一八八六（明治十九）年，當時稱作皇宮警察署。之後歷經數度組織變革，一九五四（昭和二十九）年隨著新警察法的制定，成為警察廳的附屬機關。職員由皇宮護衛官、警察廳事務官以及警察廳技官所構成，身分屬國家公務員。

皇宮護衛官有別於一般警官，制服上的飾繩不是白色而是酒紅色。據說這種顏色代表「赤誠」，意思是「以誠實無虛的心真心對待」。另外，除了精通法律、武道及逮捕術等基礎學科外，皇宮護衛官也必須學習和歌、花道及茶道等，了解皇室的傳統與日本文化。

日本皇室與外國王室的關係如何？

與英國王室的交流

過去，世界上有不少國家像日本的天皇制一樣採行君主制，不過大多數國家都在時代的波瀾中滅亡，現在僅存不到三十個君主國。

下面就來看日本皇室與現存君主國的關係，就能明白天皇陛下及皇族成員是如何致力於與世界各君主國維持親善關係。

與日本皇室關係最為密切的就是現在的英國王朝——溫莎王朝。

日本皇室與英國王室之間的交流始於明治時代初期，維多利亞女王的次子愛丁堡公爵阿爾伯特王子訪日。接著是大正時代，當時還是皇太子的昭和天皇費時半年訪遍歐洲五國，增廣見聞，昭和天皇曾提到他向英國的喬治五世（英國女王伊莉莎白二世的祖父）學習立憲政治及君主之道。回國後，昭和天皇開始在日常生活中採取英式作風，著手推行皇室近代化，其中最廣為人知的就是建立一夫一妻制。

就這樣，日本與英國的友好交流逐漸加深，不幸的是，由於之後兩國在第二次世界大戰中敵對，交流也就此中斷。

儘管如此，到了昭和三〇年代，英國女王伊莉莎白二世的堂妹雅麗珊郡主訪日，以此為契機，日本皇室與英國王室再度恢復交流。隨著昭和天皇訪英、英國女王伊莉莎白二世訪日等，雙方一口氣加深關係。

在世界各國皇家雲集、慶祝英國女王伊莉莎白二世即位六十週年的午餐會上，今上天皇受到厚待，坐在英國女王旁邊，而美智子陛下也同桌，由此就能看出雙方長年來維持著深厚的交流。

另外，英國王室僅在網站上公開該次午餐會的三張照片，其中一張獲選的就是天皇與皇后陛下及雅麗珊郡主談笑風生的照片。這張照片可說是道出了兩國長年親密關係的證據。

與亞洲及阿拉伯王國的交流

日本皇室不光與英國王室有所交流，與比利時王室之間也建立起親密的關係。尤其長年來與博杜安一世構築了深厚友誼，而博杜安一世的葬禮也是天皇與皇后陛下首度參加的國外王室葬禮。二〇一四年十二月，美智子陛下前往參加法比奧拉王后的葬禮仍令人記憶猶新。

日本皇室不但與歐洲最古老的丹麥王室維持親密關係，皇太子一家與荷蘭王室也有深厚的交情，甚至常受邀到荷蘭度假。

除了歐洲以外，據說泰國及阿拉伯諸國王室也相當尊敬日本皇室。二〇一七年二月天皇陛下訪問越南之際，在陛下的強烈希望下於回程途經泰國，前去悼念二〇一六年去世的泰王蒲美蓬。天皇陛下與泰王蒲美蓬的交流始於一九六〇年代，據說從皇太子時期開始就已經訪問泰國約七次。而泰王蒲美蓬登基六十週年晚餐會上，在二十五國的君主當中僅邀請天皇與皇后陛下出席，由此就能看出雙方的好交情。

另外，沙烏地阿拉伯的薩勒曼國王於二〇一七年三月訪日蔚為話題，薩勒曼國王還對陛下說：「很榮幸能來到我的第二故鄉日本」。其實，阿拉伯王室對日本皇室帶有一種特別的情愫；因為日本皇室不但擁有悠久的歷史與傳統，其質樸與崇高的精神也值得尊敬。

在萬世一系的歷史與天皇陛下長年來竭盡心力與各國王室持續交流下，日本皇室才會如此受到各國王室的敬重。

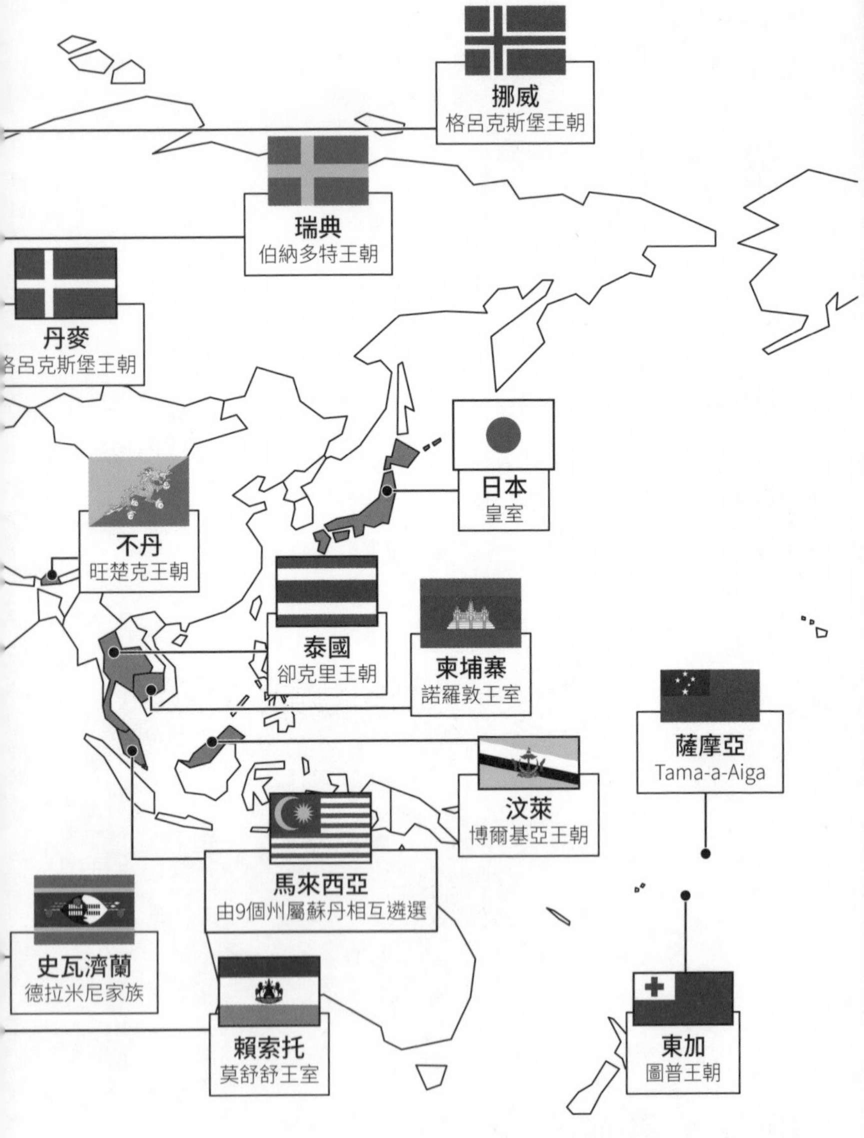
挪威
格呂克斯堡王朝
瑞典
伯納多特王朝
丹麥
格呂克斯堡王朝
不丹
旺楚克王朝
日本
皇室
泰國
卻克里王朝
柬埔寨
諾羅敦王室
薩摩亞
Tama-a-Aiga
汶萊
博爾基亞王朝
馬來西亞
由9個州屬蘇丹相互遴選
史瓦濟蘭
德拉米尼家族
賴索托
莫舒舒王室
東加
圖普王朝

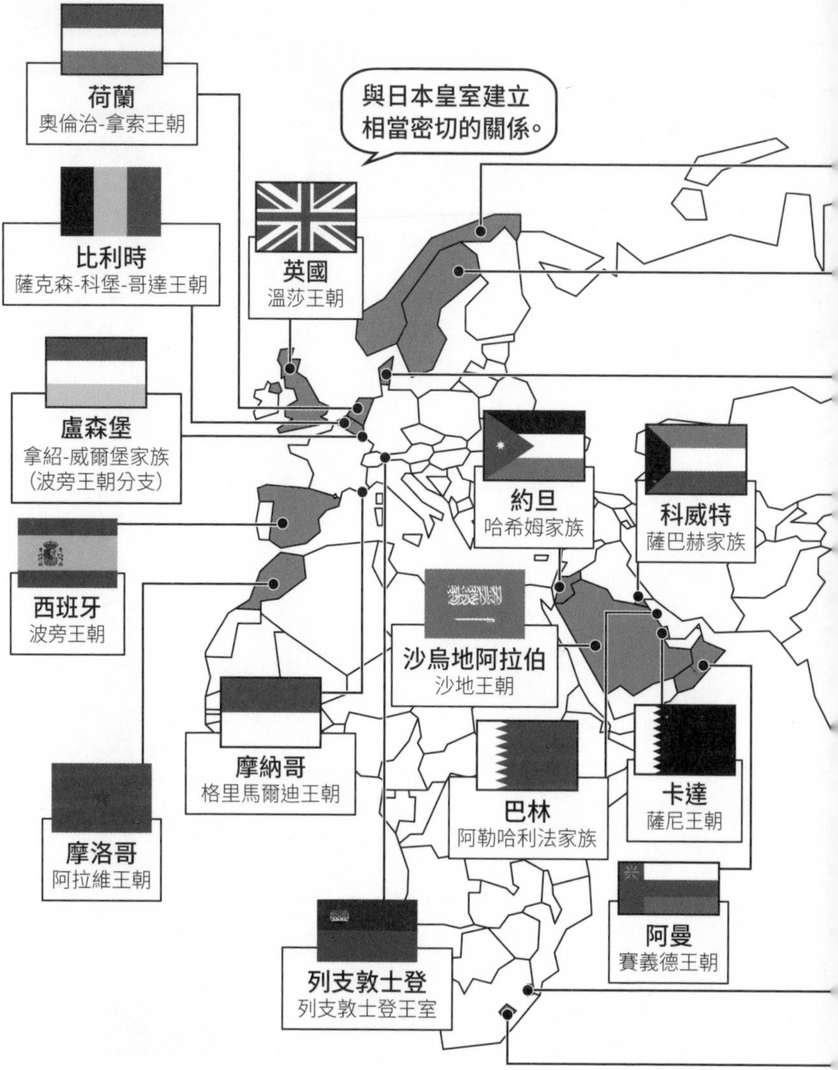
荷蘭
奧倫治-拿索王朝
比利時
薩克森-科堡-哥達王朝
盧森堡
拿紹-威爾堡家族
(波旁王朝分支)
西班牙
波旁王朝
摩洛哥
阿拉維王朝
英國
溫莎王朝
與日本皇室建立
相當密切的關係。
摩納哥
格里馬爾迪王朝
列支敦士登
列支敦士登王室
約旦
哈希姆家族
科威特
薩巴赫家族
沙烏地阿拉伯
沙地王朝
巴林
阿勒哈利法家族
卡達
薩尼王朝
阿曼
賽義德王朝

世界主要國家王室

留學

為何留學海外的皇族大多選擇留學英國？

皇族成員大多留英

秋篠宮家的佳子殿下於二〇一七年九月前往英國中部的里茲大學留學，成為一大話題。其實不只是佳子殿下，大多數的皇族成員為了增廣見聞及進行深入研究，都會到國外留學。

其中，留學國家以英國居多。

比方說，皇太子殿下於一九八三（昭和五十八）年起在英國牛津大學墨頓學院留學兩年，除了求學深造外，也造訪各國增廣見聞。相信有不少日本人都還記得，當時皇太子是第一個前往國外留學的皇統繼承人，引起話題。

皇太子留學期間雖有護衛官隨侍，卻能盡情享受在日本無法體會的自由，像是騎腳踏車上街、一個人住在學生宿舍等。皇太子後來如此述懷這段收穫豐碩的留學生活：「我學會自己思考、自己做決定，並付諸行動」。

另外，秋篠宮殿下留學牛津大學研究所，真子殿下留學愛丁堡大學以及萊思特大學研究所，均是到英國留學。而三笠宮家與高圓宮家成員也留學英國，其中，三笠宮家的彬子殿下就讀牛津大學墨頓學院，為第一個取得國外博士學位（哲學博士）的皇族。

當然，並沒有硬性規定皇族成員的留學國家為英國。高圓宮家的三女絢子殿下就留學加拿大的卡莫森學院以及英屬哥倫比亞大學。話雖如此，皇族成員的留學國家依然以英國居多。為何皇族成員會選擇留學英國呢？

原因除了英國有牛津大學、劍橋大學等名門外，最主要的原因在於英國乃擁有悠久傳統與地位的君主立憲制國家。不僅備有接納皇族入學的完善環境及警備體制，也具備適合皇族成員學習的環境。

此外，英國國民早已養成不會過度注目皇族引起騷動，只會靜靜地在一旁守護的習慣，故皇族成員不會感覺拘束，可在日本無法體會的自由環境下專注學業。

事實上，據說真子殿下留學萊思特大學期間過著與其他大學生無異的生活，周遭沒人發現她是日本的公主。

第三章

皇族的家計簿

皇族の家計簿

皇室預算

維持皇室生活的必須開支為多少？

宮廷費與內廷費為生活支柱

日本皇室在東京都心擁有占地寬廣的皇居與赤坂御用地、三座渡假用皇室別邸（那須、葉山、須崎），以及京都御所。光看這些，大家一定會認為日本皇室擁有龐大的財產，不過根據《日本國憲法》第八十八條明文規定：「皇室的所有財產均屬於國家。皇室的一切費用均須列入預算，並得通過國會決議。」

也就是說，日本皇室基本上禁止擁有私有財產，財產一概屬於國家。因此，維持皇室的必要開支大多由公款支付。

那麼皇室費用的帳目又是如何呢？皇室費用可分成用於公共活動的「宮廷費」、天皇與皇后陛下及皇太子一家日常生活使用的「內廷費」，以及天皇家以外的宮家使用的

「皇族費」三種。

首先來談宮廷費。宮廷費是由宮內廳負責管理的公款，二〇一七（平成二十九）年度的宮廷費總計五六億七八九二萬日圓。

其用途包括舉辦宮中晚餐會及園遊會等、招待國賓、天皇與皇族出訪國內外各地等公共活動，以及維護宮殿、汽車及馬車管理等。

接著來談內廷費。內廷費是指天皇與內廷皇族（皇后、皇太子、皇太子妃以及內廷內的皇族）的日常生活費與其他費用。內廷乃是天皇與皇后陛下以及皇太子一家的生活主體，故天皇家與其他皇族有所區別。

基本上內廷費為每年定額，從一九九六（平成八）年度到二〇一七（平成二十九）年度，金額均為三億二四〇〇萬日圓。

宮廷費屬於公用款，內廷費則屬於私用款。由於內廷費為天皇一家的私人費用，而非宮內廳負責管理的公款，用途並不對外公開，不過一九八〇（昭和五十五）年曾公開內廷費的概要。

支出最多的是人事費，支薪給祭祀相關職員等的天皇家私聘職員，約佔內廷費整體的三成。剩下的則是物件費，包括衣服及貼身用品、餐費與廚房用品、災害撫慰金、獎勵金、私人旅行、交際費、祭祀費以及醫療費等。其中，災害撫慰金與祭祀費可說是皇室特有的支出。

諸如上述，天皇家的費用可分成公用的宮廷費以及私用的內廷費，而負責區分兩者的則是宮內廳。

舉例來說，現任皇太子殿下的語言學習費用等被視為執行皇室公務所需的費用，因此從宮廷費支出。相對的，學習音樂的學費則被視為私人興趣，從內廷費支出。至於子女的學費，如果身分是皇太子的話，學費會從宮廷費支出，而皇太子之女愛子殿下的學費（學習院的學費）則從內廷費支出。

另外，關於秋篠宮家悠仁殿下的學費，宮內廳雖有意從宮廷費支付，但秋篠宮殿下卻婉拒了。

有意思的是，天皇誕辰的慶祝宴會是從公用的宮廷費支付，而皇后誕辰則被當作私人活動，從內廷費支付。由此可知，僅限天皇陛下以及將來皇位繼承者的活動才被視為公事。而皇太子也是因為未來將繼承皇位的關係，其婚禮才被視為官方活動，從宮廷費支付。

各宮家的費用屬於皇族費

另一方面，皇族費則是用來維持皇族品位，支付諸如秋篠宮家等各宮家的生活費。皇族費與每年定額的內廷費不同，須考慮各宮家的人數構成、當主、王妃、親王、王、未成年等身分地位及成年與否等因素來決定給付額。

當主的給付額為三〇五〇萬日圓，親王妃則是當主的一半，即一五二五萬日圓，未獨立的成年親王與內親王為九一五萬日圓，未成年則為三〇五萬日圓，成年的王與女王為六四〇．五萬日圓。

例如，二〇一七（平成二十九）年度秋篠宮家的皇族費明細如下：當主秋篠宮殿下為三〇五〇萬日圓，紀子殿下為一五二五萬日圓，兩位成年的內親王各為九一五萬日圓，未成年的悠仁殿下為三〇五萬日圓，一家總計達六七一〇萬日圓。秋篠宮家、常陸宮家、三笠宮家、高圓宮家四家，總計二億一四七二萬日圓。

另外，皇室相關費用除了上述之外，還有維持宮內廳運作的宮內廳費，預算額度為一一二億一七六一萬日圓。再加上護衛皇室與皇居等的皇宮警察費用，二〇一七（平成二十九）年度的歲出概算額為一一一億五七〇〇萬日圓。

皇室成員平時享用哪些餐點？

御料牧場特別生產的食材

提到皇室成員的飲食，或許大家腦中浮現的會是桌上擺滿豪華全餐的景象。事實上只有在特別晚餐會時才會端出這樣的餐點，而且令人意外的是，皇室成員的日常飲食與一般家庭並無兩樣。

早上以吐司、燕麥片、沙拉及水果等西式早餐為主，晚餐可能是以濃湯、香煎白肉魚、燙青菜等搭配出的健康西餐。有時也會吃麵食、蓋飯及咖哩飯等，都是我們平時熟悉的菜色，讓人稍感意外。

與一般不同的是，皇室成員的飲食由專屬廚師負責烹調，使用食材也相當特別。除了鮮魚是從築地採購外，諸如肉類、雞蛋、牛奶、乳酪等乳製品、二十四種蔬菜，都是使用位於栃木縣高根澤町與芳賀町的御料牧場所飼養栽培的食材。御料牧場的總面積約二百五十二公頃（相當於五十四座東京巨蛋），占地相當寬廣，雞等家畜全部採取放養，蔬菜類則採用有機農法栽培。換言之，這是專為天皇陛下特別栽種飼育的食材，僅供應給天皇家及皇太子家使用（其他宮家只能購買剩餘產品）。

宮中飲食就是使用上述食材進行烹調。宮中廚師可分成下列部門，第一單位負責和食，第二單位負責西餐，第三單位負責和菓子，第四單位負責麵包與西點，第五單位負責東宮御所，而宮內廳的大膳課負責宮中所有餐點，從晚餐會等公開場合的宮廷料理到天皇與皇后陛下及皇太子一家的日常飲食，全部一手包辦。

每日飲食的菜單都會考量到營養攝取，由大膳課在兩週前備妥。其後參考皇后陛下與雅子殿下的意見與希望加以修正後，才會正式決定菜單。每天都會下功夫變換不同種類的菜單，例如西餐、和食、中華料理等，避免吃膩。

儘管宮中有上述專屬廚師負責掌廚，皇后陛下與雅子殿下有時也會親自下廚做菜。最有名的軼事是，皇后陛下婚後在東宮御所設置小廚房，為子女親手下廚做菜。由此可知，皇后陛下相當注重家庭氣氛。

總是穿著燕尾服與禮服？皇室成員的服裝

講究好的品質、耐用耐穿

提到皇室成員的服裝，印象較深的大多是新年一般參賀及宮中晚餐會等儀式所穿的燕尾服與禮服。

不過燕尾服與禮服乃典禮儀式的正裝及公務用服，在日常生活中不會穿著如此華麗的服裝。皇室成員在私底下偏好穿著較隨性自由的服裝。

比方說，皇太子妃雅子殿下微服外出時，常穿著緊身裙。而秋篠宮妃紀子殿下在育兒時，則穿著方便活動的牛仔褲。

另外，就連最近備受注目的秋篠宮家佳子殿下的服裝，也與時下女大生並無二致，像是丹寧短袖襯衫搭配白色波浪長裙或牛仔褲等，在服裝上一點也沒有「皇族」的感覺。

佳子殿下從中學時期開始就喜歡打扮，擅於運用內搭褲、靴子及褲襪等配件搭配服裝，或是稍微改短制服裙的長度。儘管身為皇室成員，不過平時的穿著打扮其實與一般人無異。

唯有一點，皇室成員不能與朋友一起在原宿或澀谷，穿著相同的休閒服飾愉快地逛街購物。這除了涉及警備問題之外，重要的是礙於皇族身分，不能穿著會降低身分格調的服裝。因此服裝以優質耐穿為原則，而非華麗的服飾。

那麼皇室成員的服裝又是從哪裡採買的呢？公務用的服裝是聘請專屬設計師量身訂做，從挑選布料到縫製一手包辦。

私下的服裝則會透過高島屋、三越等知名百貨的外商部到府服務購買，有時也會親自到已打烊的百貨公司採購。另外，最近也出現皇族成員會使用網路購物等的相關雜誌報導。

皇室也與遺產稅、贈與稅等稅金脫不了關係！

由宮內廳內廷主管辦理報稅

為維持社會運作，全日本國民都有繳納稅金的義務，那麼皇室要也繳稅嗎？從結論來說，皇室成員也會依規定納稅。不過在繳稅方面，自然有異於一般的各種狀況與法規。本篇就來探討皇室的稅金問題。

首先，有所得收入者均須課徵所得稅。關於天皇的生活費，以及秋篠宮、常陸宮、三笠宮及高圓宮四宮家的生活費，也就是內廷費及皇族費這兩筆，根據《所得稅法》第九條規定不須課稅。

不過，上述以外的收入及金融資產則列為課稅對象。例如存款的利息、股票及國債等有價證券所獲得的紅利，以及著作的版稅（請參照第110頁）等，每年都會由宮內廳內廷主管辦理報稅及納稅。

而根據所得稅的課稅對象金額，會產生相對應的住民稅。天皇與皇后陛下必須對御所所在的千代田區，皇太子與皇太子妃殿下則要對東宮御所所在的港區繳納住民稅。宮家也是一樣，須向各自所居住的行政區繳納住民稅。

令人意外的是，皇室成員並沒有遺產稅與贈與稅相關的減免規定。若是繼承遺產或接受生前贈與的話，就和一般國民一樣被列為課稅對象。

不過也有不列入遺產稅課徵的對象，即象徵繼承皇位的「三神器」以及祭祀祖神與皇靈的「宮中三殿」等。據《皇室經濟法》第七條規定，這些乃是「與皇位一起傳承的歷史淵源之物」，不會產生遺產稅。關於這點，將隨著天皇陛下生前退位的法規修正一併檢討，因為繼承「歷史淵源之物」屬於生前贈與，而過去的法律中並沒有相關規定。

那麼關於持有土地與房屋時所繳交的固定資產稅又是如何呢？由於皇居、御所、東宮御所，以及位於那須、須崎、葉山的皇室別邸屬於國有財產，故不會產生固定資產稅。這些都是不屬於個人所有的不動產，所以不需要繳稅。另一方面，由於宮家獲准擁有土地，因此部分私有地須課徵固定資產稅。

另外，關於天皇家所使用的進口物品，依《關稅定率法》第十四條規定可免關稅。

資產額三十七億日圓，昭和天皇曾是戰前大資產家

靠儲蓄與資產運用積存遺產

前文已經提過，皇室禁止擁有私人財產。然而，當昭和天皇與香淳皇后駕崩後今上天皇繳納遺產稅的消息出來後，才得知皇室實際上擁有財產。

其實戰前的日本天皇，也就是昭和天皇是素有「日本第一大財閥」之稱的大資產家。戰後，GHQ（盟軍最高司令官總司令部）公布天皇擁有高達三十七億五千萬日圓（價值相當於現在的七千九百億日圓）的財產。

不過這些財產絕大部分都為GHQ所接收，只留下一千五百萬日圓（價值相當於現在的三十一億日圓）作為天皇的御手元金[1]。之後，昭和天皇以這筆御手元金及內廷費作為本金，進行儲蓄與股票投資，據說昭和天皇駕崩後留下約二十億日圓的遺產。而這筆遺

產由香淳皇后與今上天皇所繼承。

昭和天皇的遺產繼承明細為何？

昭和天皇二十億日圓的遺產中，扣除葬禮費用及捐給日本紅十字會的善款，課徵金額為十八億六九一一‧四萬日圓。剩下的金額由香淳皇后與今上天皇兩人各自繼承，金額約九億一千萬日圓。香淳皇后因配偶扣除額而免稅，今上天皇則繳納了約四億日圓的遺產稅。

二〇〇〇（平成十二）年香淳皇后薨逝後，由今上天皇一人繼承遺產。香淳皇后從昭和天皇身上繼承了約九億一千萬日圓的遺產，至於剩下多少金額就不得而知了。不過今上天皇繼承遺產時，扣除約二億日圓的捐款，剩下的遺產金額應該低於二億日圓以下。會如此推測是因為，金額低於二億日圓者不列入課徵遺產稅的公布對象。

1　御手元金，根據《皇室經濟法》第四、第六條規定，御手元金是指不屬於宮內廳管理之公費的金錢，為天皇及皇族的私有財產。每年從國庫撥出充當內廷費、皇族費的金錢即屬於御手元金，不須課徵所得稅。

加上繼承的遺產，天皇陛下本身應該也有將御手元金等餘款做儲蓄及資產運用。

今上天皇究竟擁有多少資產並不明確，不過根據《天皇家的經濟學》（洋泉社）作者吉田祐二先生推測，資產運用若以百分之三的年利率來計算，估計約有近三十億日圓的財產。

天皇家資產的變遷

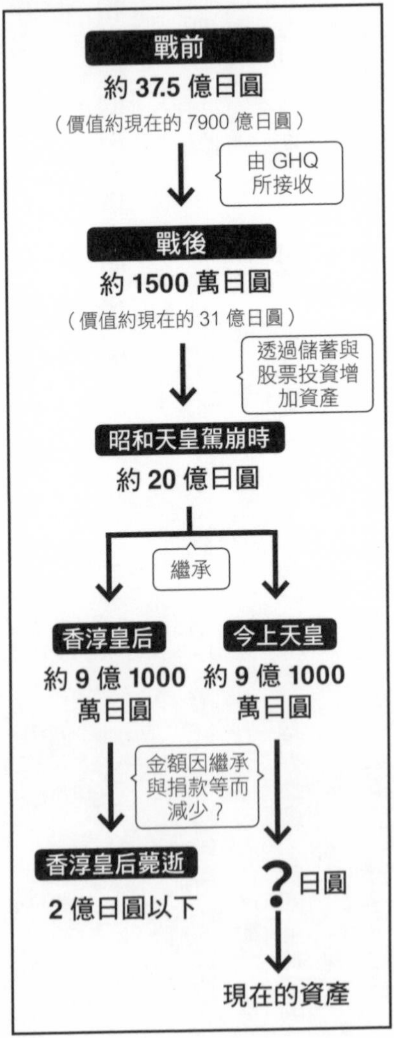

現代的皇族成員除了公務外，也在外面工作

戰前男性皇族擔任士官屬慣例

「日本皇室的開銷靠國家提撥預算，應該用不著工作吧？」如果抱著這種想法，那可是天大的誤解。就算是皇室成員，就業者也相當多。本篇將追溯歷史，一窺皇族的就業情況。

戰前，根據一九一〇（明治四十三）年所制定的《皇族身位令》規定，皇族成員嚴禁就任有薪職。在第四十五條中明文規定：「皇族除了任官之外，不得就任有酬勞的職業。」

其中更嚴禁擔任營利性質的法人及團體之職員、會員與幹部，以及公共團體之吏官與議員。

另一方面，男性皇族必須加入陸軍或海軍成為軍人。舉例來說，昭和天皇的大弟秩父宮殿下加入陸軍，二弟高松宮殿下加入海軍，么弟三笠宮殿下則加入陸軍，且幾乎都是先參加士官培育課程，再就讀陸軍士官學校或海軍士官學校，其後晉升陸軍大學校或海軍大學校。

天皇因居於大元帥之位，不須加入陸海軍。不過戰後情況大有轉變，皇族在某種程度上開始有選擇職業的自由。

在這當中，三笠宮殿下的長子寬仁殿下曾任職於札幌奧運組織委員會及沖繩國際海洋博覽會事務局，此外也曾擔任過廣播節目的DJ，可說是相當罕見的挑戰。

至於寬仁殿下的弟弟，即後來成立桂宮的宜仁殿下，生前曾任職於NHK。自一九七四（昭和四十九）年到一九八五（昭和六十）年，十一年來以非正式員工的身分負責國際協力事務、從早晨開始準備廣播體操，以及業餘歌唱大賽的會場設置等，與一般職員一起工作。

由於皇族成員須執行公務，所以只能作為非正式員工而無法成為正式員工。桂宮殿下就曾談到為了兼顧公務與工作而煞費苦心。

一邊執行公務一邊從事其他工作的女性皇族

相對於男性皇族，女性皇族的就業情況又是如何呢？

近來已有好幾位女性皇族在不同單位工作，象徵新時代的到來。而率先開此風氣的就是今上天皇的長女，現已結婚脫離皇室的黑田清子小姐。

當清子小姐還是紀宮殿下時，一九九二（平成四）年從學習院大學畢業後，便表明要任職於山階鳥類研究所，擔任兼職研究助手。原本就對鳥類深感興趣的紀宮殿下，從大學時期就在山階鳥類研究所打工，畢業後也選擇在該研究所服務。在這之後到與黑田慶樹結婚的十三年來，紀宮殿下兼顧皇室公務與工作，展現皇室新時代的女性形象。

或許是從紀宮的生活方式得到啟發，三笠宮寬仁殿下的長女彬子殿下在英國牛津大學攻讀，成為第一個取得博士學位的女性皇族，自二〇一四（平成二十六）年起開始以特別招聘研究員的身分，任職於京都藝術大學藝術資源研究中心。

另外，其妹瑤子殿下自二〇〇六（平成十八）年到二〇一二（平成二十四）年為止，以正式職員的身分任職於日本紅十字會青少年義工課。為女性皇族史上第一人。

而高圓宮家的長女承子殿下也以非正式員工的身分，任職於日本的聯合國兒童基金會。此外，秋篠宮家的長女真子殿下自二〇一六（平成二十八）年開始，擔任東京大學綜合研究博物館的特任研究員，每週出勤三天。可見女性皇族不但忙於公務，同時也忙於上班。

天皇與皇后陛下的著作意外地豐富，其著作版稅的去向是？

報稅、作為研究費以及捐贈

昭和天皇是世界知名的生物學者，長年來採集海洋生物等進行研究，並將研究成果匯整成書，著作頗豐。

以下列舉其部分著作：

《相模灣產後鰓類圖譜》（岩波書店，一九四九年）、《相模灣產水螅珊瑚及石珊瑚目》（丸善，一九六八年）、《天草諸島的水螅蟲類》（保育社，一九六九年）、《小笠原群島的水螅綱》（保育社，一九七四年）、《紅海阿卡巴灣產水螅蟲類五種》（保育社，一九七七年）、《那須的植物》（三省堂，一九六二年）等，總計有三十冊。

那麼，這些著作所得的版稅又是如何處理呢？

關於皇族成員的著作版稅，被視為「私人經濟行為，不須經過皇室經濟會議等的決議」。也就是說，皇室成員的著作版稅與一般國民一樣被視為所得，列入課稅對象，須由宮內廳內廷主管辦理報稅及納稅。

有關收到的版稅，昭和天皇除了拿來補貼研究經費外，也將其著作贈予世界各國的圖書館、研究所和學者。

今上天皇費時多年研究鰕虎的分類。除了發表諸多鰕虎研究的論文外，也負責執筆《日本產魚類大圖鑑》（東海大學出版會，一九八四年）、《日本產魚類檢索—全種鑑定—》（東海大學出版會，一九九三年）的鰕虎亞目魚類項目，以及《日本的淡水魚—關於其分佈、變異及物種形成—》（東海大學出版會，一九八七年）的暗縞鰕虎魚項目。雖然金額不高，不過天皇陛下確實有版稅及稿費收入。

美智子陛下也曾為紀宮殿下（黑田清子）撰寫繪本《第一次爬山》（至光社，一九九一年），並將部分版稅捐給「國際兒童圖書評議會」。此外，還曾出版演講集《架起橋樑——孩童時的讀書回憶》（末盛 Books，一九九八年），並從事童話的翻譯工作等。

這些著作的版稅，在兩位陛下畢生事業中算是筆微薄的收入。

由於沒有健保，在一般醫療機關就診得支付全額診療費

天皇與皇族專屬的宮內廳醫院

在日本實施全民健保制度下，國民到醫院看病時，只須支付實際醫療費用的一～三成即可。若是沒有這項制度，每次接受治療時就得支付相當可觀的金額。不過，換成皇室情況可就不同了。

其實，皇室成員並沒有健康保險。由於沒有辦理住民登錄，因此沒有加入國民健康保險的資格，當然也沒有健保卡。

提到皇室的醫療機構，相信大家都會想到宮內廳醫院。宮內廳醫院的前身為「宮內省互助會診療所」，一九二六（大正十五）年於赤坂開設，原是為了宮內省（現宮內廳）的職員及其家眷所設。一九六四（昭和三十九）年遷移，改在進入皇居大手門後的位置興建

宮內廳醫院。現在設有內科、外科、牙科等八科，擁有約五十名醫療人員。

宮內廳醫院除了供宮內廳職員看病外，一般民眾只要有宮內廳職員或皇宮警察職員的介紹也能在此看病。當然並非免費看診，而是比照一般的情況，須出示健保卡並支付治療費。

現在，這間宮內廳醫院成為替天皇及皇族成員進行診療的醫院。費用全免，有負責管理天皇與皇后陛下及皇太子一家健康狀況的侍醫，採二十四小時待命制。每次執行公務時幾乎都會有侍醫隨行。另外，天皇陛下每年會在宮內廳醫院接受一次健康檢查。

當宮內廳醫院無法進行完善治療，像是接受精密檢查、高難度手術等必要時刻，會到民間醫院接受診療。這種情況下，由於皇室成員沒有健保，必須支付醫療費的全額，即沒有補助的實際金額。二〇〇三（平成十五）年天皇陛下到東大醫院動攝護腺癌手術時，據媒體報導，ＶＩＰ病房一晚二十六萬日圓，費用總計數千萬日圓。二〇一二（平成二十四）年天皇陛下動冠狀動脈繞道手術時也是到東大醫院，據說手術費約四百五十萬日圓。

天皇的疾病治療及健康檢查等屬於國家責任，因此相關費用都從公費支出。這屬於為了讓天皇陛下能繼續執行公務，而付出的宮廷費。至於皇族成員的情況則難以區分清楚，有時可報公費，有時則須自費。

天皇一家渡假用的皇室別邸是怎樣的地方？

皇室別邸位於葉山、那須與須崎

皇室別邸是指天皇一家渡假、靜養用的設施，相當於別墅。這是為了讓一整年忙於公務的天皇陛下、美智子陛下一家人，能夠在自然環境優美的地方悠閒度過私人時光而準備的。

天皇陛下的日常公務量相當龐大，國事行為涉及的領域也很廣泛，其中一項重要的國事行為就是完成「公布」的手續。

公布是指在國會等議會決議通過後成立的法令。寫成書面文件的公布會送到天皇陛下身邊，由陛下用毛筆一一署名，最後再蓋上九公分見方、名為「御璽」的公印。稱作御名御璽。

每年約有上千件份文件會上呈天皇陛下，陛下必須持續處理這些公務。而且這只不過是公務的一小部分，陛下還得出訪各地、接待賓客等，每天的行程都排得相當滿。對於過著每日公務繁重生活的陛下而言，在渡假地休息可說是相當珍貴的時光。

現在共有三座皇室別邸。最早興建的是葉山御用邸（神奈川縣三浦郡葉山町），落成於一八九四（明治二十七）年。一九七一（昭和四十六）年因發生縱火事件而燒毀，於十年後重建。

相對位於海邊的葉山，那須御用邸（栃木縣那須郡那須町）則位於山麓。落成於一九二六（大正十五）年，總面積達六六二萬五六六五平方公尺，擁有繁茂的自然環境，還有野生的珍稀植物。

而最新的皇室別邸則是一九七一（昭和四十六）年完工的須崎御用邸（靜岡縣下田市）。這裡還有私人海灘。

話雖如此，陛下在皇室別邸處理公務的情況也不少。內閣官房的職員常將裁決完畢的文件，從東京帶到皇室別邸。

另外待在皇室別邸期間，天皇陛下及美智子陛下也會與為了一睹兩陛下尊容的一般民眾交流。也就是說，就算天皇陛下在皇室別邸渡假，也無法盡情度過私人時光。

皇室擁有專門供應食材的牧場

從蔬菜、肉類到乳製品，甚至連馬都有

距離東京約一百公里的栃木縣宇都宮市，郊外的高根澤町及芳賀町有一座御料牧場。在自然資源豐富的丘陵地飼育家畜及栽種農作物，該牧場面積為二百五十二公頃，相當於五十四座東京巨蛋。其中牛、豬、羊的放牧地與耕地就占了一半以上的面積，林地面積也有六十六公頃。

根據《宮內廳組織令》明定，御料牧場乃是「專門飼育及生產供應皇室食用的家畜及農畜產品，並從事相關附屬事業」的設施。也就是說，御料牧場歸宮內廳管轄，由國家公務員擔任職員。

這裡所生產的食材將會端上皇室的餐桌，用於烹調天皇與皇后陛下及皇太子一家的

日常飲食，以及宮中晚餐會及園遊會中招待賓客的佳餚。因此必須細心注意食材的品質、鮮度及安全性，盡量不使用化學肥料與農藥栽培，同時禁止一般民眾出入，以防家畜感染疾病。

牧場內除了種植蕃茄、萵苣、高麗菜等二十四種蔬菜外，還飼養乳牛、豬、羊、雞、雉雞等家畜與家禽。為減輕家畜家禽的壓力，採取放牧或平飼的方式，而非關在籠內飼養。牛隻一天沖兩次澡以保持清潔，當豬覺得炎熱時，也會替牠們沖水淋浴。

牧場內甚至設有解體處理場，建構一貫化的生產體制。此外，除了生產火腿、香腸、培根、罐頭、煙燻等肉類加工製品外，亦生產使用新鮮牛奶及蛋製成的奶油、鮮奶油、乳酪及優格等乳製品。

羊在日本並非經常食用的食材，是考慮到國外賓客而飼育的家畜。諸如伊斯蘭教禁吃豬肉等，基於宗教上的原因而無法食用豬肉或牛肉的情況相當常見，此時便會端出羊肉待客。使用御料牧場飼育的羊做成的成吉思汗烤肉，更成了園遊會的名產。

此外，御料牧場也飼育皇室成員的騎乘用馬以及儀式用的輓馬。該牧場所飼育的馬匹亦作為新任外國大使到任國書儀式上的馬車列隊等，為國際親善貢獻良多。而御料牧場也是皇室成員的渡假設施，備有貴賓館，亦常用於開放給在日外交團參觀及接待賓客。

向宮內廳供貨的供應商是如何決定的？

平民憧憬的品牌

各位可曾看過店面屋簷上掛著寫了「宮內廳御用達」（或是「宮內廳御用」）招牌的老店？只要看到這塊招牌，相信任何人都會產生「這是連天皇家也經常惠顧的優質店舖」的印象。

宮內廳御用達制度始於江戶時代。

當時，經常出入宮中的供應商稱作「禁裏御用」。到了明治一〇年代，經常出入宮中的供應商獲准使用象徵商譽的「宮內廳御用達」稱號。然而，由於擅自使用該稱號者絡繹不絕，遂於一八九一（明治二十四）年制度化，僅准許經營超過兩年以上、經博覽會等認定表現優良的供應商，才能獲得宮內廳御用達之稱號。

一九三五（昭和十）年起條件變得更嚴格，不但得符合擁有五年以上供貨實績的條件，還得報告總店所在地、資本額等公司概要。同時規定稱號的使用期間為五年，且不得用於廣告。由於規定嚴格，使得宮內省御用達的可信度頓時高漲，成為平民憧憬的品牌。

即使是高級品也不一定能符合基準，品質有保障且價格合理才能獲選為宮內廳御用達。比方說虎屋的和菓子、文明堂日本橋店的洋菓子、龜甲萬的醬油、千疋屋的水果、銀座谷澤的皮鞋等。

然而，這項制度在一九五四（昭和二十九）年遭到廢止。在提倡商業機會平等的背景下，宮內廳也改為先看報價再採購的機制。

有些供應商是在戰後才開始與宮內廳交易，不過也有自宮內廳御用達時代起就一直與宮內廳往來的供應商。

進出宮內廳的供應商在經過嚴格審查後，就會發給效期三年的宮內廳通行證。與宮內廳往來的供應商除了食品外，從眼鏡、筷子、組紐、足袋到和樂器應有盡有，範圍相當廣泛，可從宮內廳的資料查詢到這些供應商。

儘管制度早已廢止，不過宮內廳御用達仍象徵著皇家品牌，因此「宮內御用達」的宣傳效果大得驚人。

歷代天皇等皇室祖先安眠的聖地

遵照天皇的意見將縮小御陵

關於天皇與皇后陛下的御陵與葬禮方式，宮內廳於二〇一三（平成二十五）年十一月十四日表示「將尊重天皇與皇后陛下的意見」，引起眾人注目。葬禮方式將從自江戶初期以來延續四百年的土葬改成火葬，並縮小御陵規模，以尊重兩位陛下意見為方針進行。

御陵指的是歷代天皇的陵墓。根據《皇室典範》規定，埋葬天皇、皇后、太皇太后以及皇太后的墓所稱作「陵」，其他皇族的墓所則稱作「墓」。

聽到天皇陵一詞，大多人會聯想到前方後圓墳般的寬廣古墳。古代天皇的古墳大多位於大阪府的堺市河內地區、奈良縣的大和地區與飛鳥地區，遷都平安京之後則大多設於京都。

自平安時代末期開始，在寺院內興建法華堂、多寶塔、石塔並埋葬於該處的例子逐漸增加。到了江戶時代，則埋葬在京都東山的泉湧寺。明治天皇的御陵為位在京都的伏見桃山御陵。

目前有一百八十八座陵，五百五十四座墓，相當於分骨所、火葬塚、灰塚等的陵有四十二座，包括其他陵墓、陵參考地等在內，總計八百九十八座。其所在地北至山形，南至鹿兒島，橫跨一都二府三十縣。

現在根據宮內廳內規，規定以關東的國有地作為天皇陵。陵墓屬於國有財產中的皇室用財產，由宮內廳管轄。

大正天皇陵（多摩陵）與貞明皇后陵（多摩東陵）、昭和天皇陵（武藏野陵）與香淳皇后陵（武藏野東陵）均位在八王子的武藏陵墓地。大正天皇陵與貞明皇后陵的位置相鄰，幾乎呈平行，而昭和天皇陵與香淳皇后陵的配置則非如此。因此今上天皇很有可能是擔憂武藏陵墓地用地不足，才希望採取火葬並縮小御陵規模，以便將來的天皇都有足夠空間在此興建御陵。

而天皇陛下之所以希望火葬，是考慮到比起土葬，火葬在選擇御陵規模與形式上較有彈性。不僅現代普遍採用火葬，回顧過去，在江戶時代以前也曾採用火葬，由此可見火葬形式的復活。根據此一歷史性轉變，未來武藏陵墓地將設置專用的火葬場，而葬禮的作法也將有別於以往。

第四章

皇族公務與活動

皇族のご公務とご活動

公務

天皇陛下每天的工作量超乎想像地繁重！

公務分為國事行為與公共行為兩種

天皇陛下平時執行哪些公務？一旦了解實際情況後，相信大家一定會深感陛下的工作量緊湊得超乎想像。

《日本國憲法》第一條規定，天皇乃「日本國的象徵」、「日本國民統合的象徵」，第四條中規定天皇「不具國政相關權能」。儘管如此，天皇陛下還是有很多需要處理的公務。這究竟是怎麼回事？

若想解決這個疑問，就得充分了解憲法規定該由天皇執行的國事行為。首先來釐清天皇陛下的公務內容，可分成「國事行為」與「公共行為」。

國事行為是指賦予國政權威

關於國事行為，《日本國憲法》第七條當中列出下列十項：

一、公布憲法修正、法律、政令及條約。
二、召集國會。
三、解散眾議院。
四、公告實施國會議員大選。
五、國務大臣及法定之其他官吏的任免、全權委任狀、大使與公使的信任狀之認證。
六、大赦、特赦、減刑、刑罰執行的免除與復權之認證。
七、授予榮典。
八、批准書及法定其他外交文書之認證。
九、接受外國大使及公使。
十、舉行儀式。

依上述內容，天皇陛下每年所公布的法律、政令及條約，再加上認可、公告與授予的相關文件超過上千件。除此之外，每年所過目的宮內廳相關文件超過一千五百件，陛下必須一一過目所有文件，最後加上署名與蓋章（御名御璽）。

天皇雖然不具國政相關權能，國事行為卻排得滿滿的。儘管沒有直接參與國政，天皇仍作為國家及國民統合的象徵，賦予內政外交重要事項權威。

另外關於天皇的職責方面，根據《日本國憲法》第六條規定：「天皇根據國會提名，任命內閣總理大臣」、「天皇根據內閣提名，任命最高裁判所長官」。當國會提名新首相時，首相必須前往宮中，由天皇陛下親口任命並頒發陛下親筆署名的任命書。這也是天皇陛下的重要公務之一。

內容廣泛的「公共公務」

接下來是由天皇陛下執行的另一種公務——「公共公務」。公共公務指的是天皇陛下站在公共立場所執行的、國事行為以外的公務。

其中日本國民較熟悉的，就是每年新年能夠目睹天皇一家尊容的新年一般參賀。諸如講書始及歌會始等，在新年舉辦的活動相當多。

另外，天皇與皇后陛下共同舉辦的園遊會也屬於公共公務。園遊會自一九五三（昭和二十八）年起一年舉辦兩次，於春秋兩季在赤坂御苑內舉行，邀請內閣總理大臣等立法、行政及司法機關的政府要員、各界功勞者以及各國領事等，兩次的邀請人數總計約二千人。兩位陛下在出席園遊會前會事先聽取有關受邀來賓的介紹，做好功課以便向列席者打招呼。

另一方面，觀賞職棒及大相撲比賽算是比較另類的公務。天皇陛下並非出自個人喜好而到場觀戰，大多數情況下都是應主辦單位邀請前來，因此也屬於公共公務的一環。同樣地，諸如音樂、戲劇及畫展等也都是應主辦單位邀請而前往欣賞。

除此之外，還有每年輪流在日本全國的都道府縣舉辦的全國植樹祭、國民體育大會的開幕式、日本學士院及日本藝術院的恩賜賞頒獎典禮、八月十五日的全國戰歿者追悼儀式等，出席的活動多到不勝枚舉。再加上訪問國內的福祉設施，若是發生地震、豪雨水災等自然災害時則須前往災區探視等，身為與國民同在的象徵，這類活動也相當重要。

看完上述天皇陛下平時執行的公務內容後，就不難想像陛下每天的行程有多繁重了吧。

接待

招待賓客的「會見」與「接見」有何不同？

根據會面對象改變名稱

各國政府要員前來訪問日本時，天皇與皇后陛下大多會邀請賓客到宮殿會面，以加深兩國的情誼。依據主旨及內容，會面的意義也大有不同。

當會面對象為國王或總統等元首級賓客時，稱作「會見」（ご会見）；若是會面對象為前者以外的賓客，像是各國首相或國會議長、到日本赴任或離任的各國大使等，則稱作「接見」（ご引見）。

會見與接見的時間通常為三十分鐘左右，不過兩位陛下每進行一次會見或接見都會消耗相當的精力。

首先，事前調查是不可或缺的一環。除了得掌握會面對象的經歷外，若是以前曾前往該國訪問，兩位陛下也會談到當時的回憶，同時備妥誠摯的謝辭。

為了能與會面對象暢談無阻，天皇陛下會在會見的前一週或前幾天邀請該國的駐日大使到御所，聽取講解說明。如果會面對象為夫妻的話，美智子陛下也會一起聽取說明並確認資訊。

到了會見、接見當天，陛下會親自前往宮殿的南車寄迎接賓客。若會面對象為夫妻的話，美智子陛下也會陪同迎接。然後與下車的賓客握手，並帶領賓客穿過渡廊抵達面會會場竹之間。

會見、接見結束後，陛下會繼續展現無微不至的關懷。不但當面贈送紀念品、拍照留念，甚至還帶領賓客到南車寄、目送賓客離去。若是國賓等級的會面對象，會見結束後有時會舉辦宮中晚餐會招待賓客。

以二〇一六（平成二十八）年為例，該年度的會見、接見次數為九十次，前年度二〇一五（平成二十七）年則多達一百三十次。為了能夠順利安排這麼多場會面，宮內廳內設有外事，即專門處理外國交際總務，他們會與外務省攜手合作、一同進行準備。因此，宮內廳職員有不少人是原職任於外務省或是從外務省調派過來的。

接待

由天皇陛下進行的「皇室外交」有何絕大效果？

「皇室外交」一詞有問題？

天皇陛下與美智子陛下常一同前往外國進行訪問。每逢陛下出訪，電視及報章媒體上常會出現類似「展開皇室外交」的字眼，但其實皇室外交一詞並不正確。原因在於，天皇嚴禁透過外交為日本帶來利益，根據《日本國憲法》第四條規定，「天皇不具備國政相關權能（權限）」。

換言之，天皇只不過是日本國的象徵，使用帶有政治意味的「外交」一詞並不妥當。

話雖如此，根據憲法第七條規定，與海外各國的應對之相關項目亦屬國事行為。例如「全權委任狀、大使與公使的信任狀之認證」、「批准書及法定其他外交文書之認證」，「接受外國大使及公使」等，都是以促進國際親善為目的執行的。所謂的外交，本該是以本國國益為基準而展開行動，然而天皇必須以公平公正的態度對待各國，因此宮內廳改用「皇室的國際親善」一詞取代「皇室外交」的說法。

範圍廣泛的皇室國際親善內容

下面就以具體的事例，來介紹宮內廳所謂的「皇室的國際親善」。

・訪問外國
・會面招待包括國賓在內的來日外國賓客
・與各國元首發電報（御親電）與通信（御親書），例如慰問受災國或慶祝各國建國紀念日等
・接見駐日外國大使
・慰勞預定前往國外赴任的大使，及任期結束回國的日本大使

由此可知，皇室的國際親善內容相當廣泛。

關於出訪外國，天皇陛下自皇太子時代起就已經多次實踐。在陛下與美智子陛下結婚前的一九五三（昭和二十八）年，當年十九歲的陛下為出席英國女王伊莉莎白二世的戴

冠式而出訪英國。這是天皇陛下首度的國外訪問。其後也曾多次出訪，皇太子時代夫妻聯袂訪外的次數為二十多次，訪問國多達四十多國。

今上天皇繼承皇位後，在昭和天皇的大喪之禮中首度進行國際親善。當時，陛下接見了多達一百六十四國的弔問使節，以及聯合國等二十七名國際機關代表，當面表達謝意。其後，陛下還分別與美國布希總統、菲律賓總統艾奎諾夫人、各國國王夫婦以及元首等級的政府要員，進行個別會見。

除了誠心誠意地與政府要員交流外，天皇陛下訪問外國之際也會盡量製造與當地人交流的機會，並與定居當地的日本人及其家人交談等，廣泛地與各個階層的人們建立友好關係。

天皇陛下秉持低調謙虛的態度、以充滿慈愛的嗓音打招呼，有助於日本與各國建立良好的國際關係。考量到由政治家與官僚所推動的外交，人選會不時異動，相較之下，由同一皇室家族持續推動的國際親善格外有意義，新聞媒體也讚賞兩位陛下是「最棒的外交資產」，也意外地被形容成「皇室外交」。

天皇、皇后兩陛下訪問外國

年	日程	訪問國家	目的
1991 年	9 月 26 日～10 月 6 日	泰國、馬來西亞、印尼	受邀前往各國進行國際親善訪問
1992 年	10 月 23 日～10 月 28 日	中國	受邀前往中國進行國際親善訪問
1993 年	8 月 6 日～8 月 9 日	比利時	前去出席博杜安國王的葬禮
1993 年	9 月 3 日～9 月 19 日	義大利、比利時、德國	受邀前往各國進行國際親善訪問
1994 年	6 月 10 日～6 月 26 日	美國	受邀前往美國進行國際親善訪問
1994 年	10 月 2 日～10 月 14 日	法國、西班牙	受邀前往各國進行國際親善訪問
1997 年	5 月 30 日～6 月 13 日	巴西、阿根廷	受邀前往各國進行國際親善訪問
1998 年	5 月 23 日～6 月 5 日	英國、丹麥	受邀前往各國進行國際親善訪問
2000 年	5 月 20 日～6 月 1 日	荷蘭、瑞典	受邀前往各國進行國際親善訪問
2002 年	7 月 6 日～7 月 20 日	波蘭、匈牙利	受邀前往各國進行國際親善訪問
2005 年	5 月 7 日～5 月 14 日	挪威	受邀前往挪威進行國際親善訪問
2005 年	6 月 27 日～6 月 28 日	美國（塞班島）	適逢戰後 60 年，為追悼戰死者與為和平祈福而訪美
2006 年	6 月 8 日～6 月 15 日	新加坡、泰國	兩國建交 40 週年受邀前往新加坡進行訪問 受邀出席泰皇登基 60 週年慶典前往泰國進行訪問
2007 年	5 月 21 日～5 月 30 日	瑞典、愛沙尼亞、拉脫維亞、立陶宛、英國	受邀前往各國進行國際親善訪問
2009 年	7 月 3 日～7 月 17 日	加拿大、美國（夏威夷）	受邀前往加拿大進行國際親善訪問 適逢夏威夷的明仁親王獎學金財團 50 週年紀念活動，前往夏威夷進行國際親善訪問
2012 年	5 月 16 日～5 月 20 日	英國	為出席英國女王登基 60 週年紀念午餐會訪英
2013 年	11 月 30 日～12 月 6 日	印度	受邀前往印度進行國際親善訪問
2014 年	12 月 11 日～12 月 13 日	比利時	皇后陛下前往比利時出席法比奧拉前王后的葬禮
2015 年	4 月 8 日～4 月 9 日	帛琉	適逢戰後 70 年，為追悼戰死者、為和平祈福及國際親善而訪問帛琉
2016 年	1 月 26 日～1 月 30 日	菲律賓	適逢日菲邦交正常化 60 週年，受邀前往菲律賓進行國際親善訪問
2017 年	2 月 28 日～3 月 6 日	越南	受邀前往越南進行國際親善訪問

資料來源：宮內廳網站

勳章與褒章是授予留下何種功績者？

獲頒勳章者與獲頒褒章者

《日本國憲法》第七條規定天皇的國事行為中，有一項「授予榮典」。所謂的榮典包含榮譽、勳章及其他，具體而言即「包括敘位、敘勳及褒章等」。換句話說，授予勳章及褒章也是天皇應執行的國事行為之一。只不過敘位的授予對象為亡故之人，因此獲得天皇直接祝賀的榮典只有勳章及褒章兩種。

那麼，獲頒勳章及褒章者都是有什麼樣成就的人呢？

簡單來說，對公共有功、在社會各個領域創下出色成績的人，就會受贈勳章及褒章等作為榮譽的象徵。

接著來釐清勳章與褒章的不同。勳章是表彰終生的功績與業績，而褒章則是凡在社會、公共福祉及文化等方面有特定貢獻，都會給予表揚。勳章與褒章的授予儀式於每年四月二十九日（昭和之日）及十一月三日（文化之日）舉行，每次獲頒勳章者約為四千人，獲頒褒章者為八百人。

二〇一四（平成二十六）年，冬季奧運金牌得主花式滑冰選手羽生結弦，在奧運舞台上交出一張輝煌的成績單，成為史上最年輕的紫綬褒章得主。褒章根據貢獻領域可分成下列六種：紅綬褒章、綠綬褒章、黃綬褒章、紫綬褒章、藍綬褒章及紺綬褒章。

勳章名稱與設計的不同

勳章也與褒章一樣分成許多種類，諸如大勳位菊花章、桐花大綬章、旭日章、瑞寶章及文化勳章等。

大勳位菊花章為最高等的勳章。其中又分成兩種等級，大勳位菊花章頸飾是最高等的勳章，除了外國元首之外，現在只有天皇陛下佩戴。

而第二高階的大勳位菊花大綬章，除了皇族以外只有一名持有者，那就是前首相中曾根康弘。附帶補充，於生前獲頒勳章的除了中曾根康弘外，還有吉田茂與佐藤榮作兩位前首相（兩人逝世後追頒大勳位菊花章頸飾）。除了擔任總理大臣的經歷外，還得立下顯著的功績才能獲頒此勳章。

地位第三高的桐花大綬章只有曾任總理大臣、眾參議院議長以及最高裁判所長官等職位者才能受章。至於民間人士，僅授予留下優異實績的企業經營者。

次於桐花大綬章的是旭日章及瑞寶章。這兩種勳章又可細分成六等（大綬章、重光章、中綬章、小綬章、雙光章、單光章）。大綬章是由天皇親自授予；旭日章主要授予留下顯著功績的民間人士；而瑞寶章的受章者大多為事務次官等級的官員。

另外，在新聞報導中常聽到的文化勳章也是榮典的一種。授予對象為在科學及文化發展方面留下顯著功績者，以諾貝爾醫學獎得主山中伸彌教授為首，諾貝爾獎得主的受章仍令人記憶猶新。過去是在天皇列席下、由內閣總理大臣授予勳章，自一九九七（平成九）年起改由天皇陛下親授。

勳章的設計視種類而異。以現在僅今上天皇持有的大勳位菊花章頸飾為例，其設計如字面所述為首飾，上面飾有象徵皇室的菊花與菊葉；大勳位菊花大綬章也是以菊花為裝飾；桐花大綬章則是以桐花為設計意象。

而旭日章的設計是採用象徵日之丸的日章；瑞寶章則是以古代寶鏡為主題設計；文

化動章的設計為五瓣白橙花，中間飾有三個白色的勾玉。

讓人憧憬的、由天皇與皇后陛下主辦的豪華社交聚會

始於明治時代的園遊會

每年春秋兩季在赤坂御苑舉辦的園遊會，由天皇與皇后陛下主辦，皇太子與皇太子妃殿下為首的皇族成員都會出席。

一般人或許很難想像園遊會究竟是怎樣的宴會，其實就像是辦在戶外的社交聚會。大家也許曾在電視上看過，面露緊張神情的受邀者排著隊、等待兩位陛下前來問候的情景。

自古以來，日本朝廷受到中國陰陽思想的影響，每年陰曆九月九日都會舉辦「菊花宴」。在菊花宴中，紫宸殿的御帳會掛著袋子，裡面裝有可避邪祛寒的胡頹子，眾人在天皇面前插上菊花、獻上詩文後，天皇就會賞賜以菊花泡製的菊酒。到了明治時代，從

菊花宴衍生出「觀菊會」及「觀櫻會」，其後發展為現在的園遊會。

一八八〇（明治十三）年十一月舉辦的第一場觀菊會，地點和現在的園遊會一樣是赤坂離宮。這是因為一八七三（明治六）年皇居失火，才會選在臨時皇居所在地赤坂舉辦。當時為強化日本與歐美各國之間的關係，由井上馨外務卿提議舉辦觀菊會，邀請各國公使及領事等夫婦連袂參加。翌年一八八一（明治十四）年四月開始舉行觀櫻會。

其後，受到中日戰爭爆發的影響，觀菊會及觀櫻會分別於一九三七（昭和十二）年及一九三八（昭和十三）年停辦。到了戰後，觀菊會以園遊會的形式復活。而原本的觀菊會與觀櫻會，現在則分別由內閣總理大臣與環境大臣主辦，成為於新宿御苑舉辦的「賞櫻會」及「賞菊會」。

受邀對象有哪些人？

現在的園遊會每年都會邀請內閣總理大臣、國務大臣、眾議院議長及副議長、最高裁判所長官、都道府縣的知事及市町村的首長，另外也會邀請名人、奧運奪獎選手以及各界有功人士參加，並歡迎夫婦連袂出席。各界有功人士涵蓋產業、文化、藝術及社會事業等，範疇相當廣泛，招待人數高達兩千人。這些受邀者並非由宮內廳直接挑選，而是由各相關省廳斟酌挑選，再從推薦名單中挑出。

園遊會上可以享用三明治、粽葉壽司及烤雞串等餐點。由於宴會上也會邀請各國政要，為避免發生宗教上的麻煩，宴會上端出的肉類料理使用的並非豬、牛肉，而是使用御料牧場所飼育的羊製作的成吉思汗烤肉。

除此之外，還會附贈和菓子老店虎屋的「菊燒殘月」作為伴手禮。這款烙印上菊御紋的和菓子，在宮中也常作為祝宴紀念品。

至於園遊會的焦點，當然就是受邀者與兩位陛下相談甚歡的場面了。兩位陛下會走到排成一列的受邀者面前，與被帶領到前排位置的受邀者逐一親近交談。不光是在座的受邀者，就連在電視機前看新聞報導的所有日本國民，也會對兩位陛下事前掌握受邀者身分背景並親切問候搭話的態度深受感動。

為了歡迎國賓而舉辦晚餐會，令人好奇的菜單內容

盡享至高款待的晚餐會

每當外國元首及王室以國賓身分訪日時，天皇與皇后陛下就會舉辦迎賓晚餐會，稱作「宮中晚餐會」。

舉辦宮中晚餐會的舞台是皇居宮殿內的豐明殿，也是舉辦新年及天皇誕辰祝宴的場所，在宮殿內占地相當寬廣（九一五平方公尺）。而豐明殿的名稱源自古代的宮中饗宴「豐明節會」。

晚餐會的列席者除了兩位陛下外，也會邀請皇族成員、首相等三權首長、國會議員以及文化界人士等一百多人。宮內廳的樂部會在場地東側的奏樂堂現場演奏，在如此配樂下舉辦為時兩小時、盡享無微不至招待的饗宴。

晚餐會以天皇致辭揭開序幕。在演奏來賓國家的國歌並由陛下帶頭舉杯後，接著是國賓致辭，等到演奏日本國歌及國賓舉杯結束後，才開始用餐。

料理是以法國料理為主軸的全餐，由湯品、魚類料理、肉類料理、沙拉、冰淇淋及甜點所構成，主菜的肉類料理大多使用在歐洲被視為最高級的羊肉烹調。肉品來源是皇室專用御料牧場所飼育的最高級薩福克羊肉。

附帶補充，各國王室的宴會上一定都會端出法國料理，這是因為法國料理是不論哪一國都吃得慣的菜式。而日本在明治時代，也僱用外籍廚師端出西式料理招待外國賓客。到了大正時代，素有「天皇的御廚」之稱的秋山德藏製作正統的法國料理，據說其食譜的精髓承襲至今不衰（一般是由替天皇飲食掌廚的宮內廳大膳課的廚師所負責）。

餐具也繼承了自明治時代以來晚餐會的傳統。使用以明治時代最傑出的技術製成、飾有菊御紋的和式餐具，連細節部分也考慮周到。

而侍者的服務也無微不至。提到法國料理的全餐，通常在撤下用畢的餐盤後就會立刻換上新的餐盤，不過在宮中晚餐會同時會在桌上放置空盤，服務員會端著裝盛在大盤子的料理在席間走動。這是顧慮到賓客的口味喜好，方便他們取用想吃的料理。晚餐會可說是充滿天皇與皇后陛下用心、至高款待的空間。

為何天皇陛下會親自下田種稻？

天皇家與稻作關係密切

天皇陛下每年都會在皇居內生物學研究所的水田種稻。這可不光收割稻穗的工夫，春季於四月中旬播撒稻種，初夏的五月下旬到六月初旬插秧，到了九月下旬割稻。也就是說，陛下整年都忙於稻作。

天皇種稻的習慣始於前任的昭和天皇。據說明治天皇也曾在赤坂離宮內開闢水田、親自種稻，但詳情不明。一九二七（昭和二）年，昭和天皇在侍從的推薦下，開始在當時的赤坂離宮內種稻。自一九二久（昭和四）年起，於皇居內開闢水田。

今上天皇延續昭和天皇的作法繼續種稻，不過從播種開始耕稻乃始於今上天皇。每年一到播撒稻種及插秧的日子，天皇陛下就會身穿襯衫、腳穿長靴，進入秧田及水田作

業。宮內廳將陛下播撒稻種稱之為「御手蒔」（お手まき）。

說起來，天皇與稻作原本就有密切的關係。根據神話，天皇家的皇祖神天照大神在其孫降臨地表，即「天孫降臨」之際，曾下賜稻穗並留下「一定要用心栽種，傳承下去」的神勅。基於這段歷史，稻作對皇室而言蘊含著深厚的意義。

皇居內的水田面積有三百二十平方公尺，種著粳米「日本勝」以及糯米「滿月餅」。基本上採用無農藥栽培，平時由宮內廳庭園課負責每天巡視、除草及設置防鳥網等。而陛下在「播撒稻種」、「插秧」、「割稻」等作業以外的日子，也常到田裡巡視、觀看稻米的生長情況。

天皇陛下所收割的稻米會送到伊勢神宮。到了十月中旬，在伊勢神宮內舉行的神嘗祭中，將稻穗連根供奉在神前，感謝神明賜予豐收的一年。另外，收割的稻穗也會在日後舉辦的新嘗祭上供奉給神明。在新嘗祭上，天皇陛下會親口品嘗這一年所收成的稻米。據說供神後所剩下的米穀則供日常食用。

天皇與皇后陛下平時私底下從事哪些娛樂活動？

興趣廣泛，涵蓋樂器演奏、網球到開車兜風

平時忙於諸多公務的天皇與皇后陛下，在公務之餘的私人時間都從事哪些休閒活動？這個問題或許對兩位陛下造成不小的困擾，卻是一般民眾相當好奇的話題。

就兩位陛下而言，遺憾的是，即便是私人時間也無法完全不受干擾。比方說，兩位陛下即使在私人時間外出活動，不但有大批媒體跟在後頭捕捉一舉一動，也會有想目睹陛下尊容的一般民眾蜂擁而至。坊間其實有不少狂熱的皇室粉絲。

在眾人的注目下，兩位陛下的興趣之一是演奏樂器。天皇陛下擅長拉大提琴，美智子陛下則擅長彈鋼琴與豎琴，每逢假日，兩位陛下就會一起合奏。

皇太子殿下在演奏樂器方面也相當出名。殿下從學生時代就開始拉中提琴，也曾在

「學習院校友管弦樂隊」等演奏會表演。

而皇太子殿下也是一有動靜就會遭媒體跟拍，報導皇太子殿下演奏時的模樣，在這方面可說與兩位陛下一樣，無法享有完全不受干擾的私人時間。

別忘了兩位陛下還有另一項興趣，沒錯，就是打網球。兩位陛下年輕時在輕井澤孕育愛苗的契機就是網球，直到現在夫婦倆依然很喜歡打網球。儘管年過八十，每逢週末都會在皇居內的網球場揮灑汗水。

另外，兩位陛下也喜歡散步兼維持健康。兩人常一起在御所周邊散步，有時也會走到皇居內的東宮御苑。

天皇陛下還有另一項令人意外的興趣，那就是開車。

據說天皇陛下的愛車，是陪伴他二十年以上的HONDA INTEGRA。週末時常會開車載著美智子陛下，行駛在通往皇居網球場約一公里長的單行道兜風。

每逢生日與出訪外國前都會召開記者會

皇室記者會採問答形式

記者會是一般民眾能夠聽到天皇發言的少數機會之一。每逢天皇家及皇室成員生日、成年禮及結婚等人生重要階段，或是前往外國訪問前等特別活動時，宮內廳都會安排召開記者會。

在記者會上可以聽到皇室成員談論自己的信念與想法。比方說在皇太子殿下及秋篠宮殿下的記者會上，就可以得知其子女的近況。

那麼，哪些人才有資格參加皇室記者會？

即使是媒體工作者也不見得能夠入場。僅限加入宮內廳的記者俱樂部，即所屬於「宮內記者會」的報社、通訊社及電視台等報導機關，有時也會讓外國的報導機關參與。

皇室記者會現場採取下列形式進行：宮內記者會會事先彙整提問事項，天皇陛下等皇室成員則會根據問題準備答覆再予以回答。也就是說都是經過慎重考慮所作出的回答，基本上不會聽到皇室成員真正的心聲。

關於皇室報導，則是由宮內廳總務課的報導室擔任，均擬定詳細的規定。以照片為例，若是執行公務時會安排媒體取材，不過諸如新年時對外公開的照片、生日時的照片等在御所內的攝影，則是由宮內廳委派的攝影師拍攝，再提供給各大媒體。

在園遊會的新聞報導中雖然聽得到天皇陛下的聲音，但那並不是透過收音器材收音的。而是從出席者前排當中挑選人選，事前在該人選身上裝上領夾式麥克風，藉此收到陛下的聲音。

如同「開放的皇室」一詞所述，最近為了讓以天皇陛下為首的皇室成員活動廣為人知，宮內廳相當積極活躍。不但在宮內廳總務課內成立報導室，甚至開設網站提供兩位陛下的動態等資訊。

雖然很想聽到皇室成員的心聲，但千萬不能妨礙公務的執行，更不能做出失禮之舉，因此採訪時不能像對待藝人那樣窮追猛打。至於皇室究竟該開放到何種程度，宮內廳及報導機關似乎也小心翼翼地加以斟酌。

只要參加打掃皇居的義工活動，就能見到天皇陛下!?

何謂清掃皇居的勤勞奉仕？

皇居擁有面積達一一五平方公尺的廣大土地，完整保留江戶時代延續下來的自然環境，綠意盎然。儘管占地寬廣，卻打掃得相當乾淨。

要管理如此寬廣的土地想必很辛苦，不過皇居內有部分範圍是由一般民眾所組成的志工團體「皇居勤勞奉仕團」負責清掃。

勤勞奉仕始於敗戰後不久。最早是一九四五（昭和二十）年十二月，宮城縣青年團的六十名有志青年提議在皇居外苑除草。在宮內省（當時）的同意下，有志青年團帶著手作便當與工具，清掃遭空襲燒毀的宮殿。

當時昭和天皇也到場露面，出言慰勞一番。以此為契機，全國各地紛紛提出申請、希望清掃皇居，勤勞奉仕團就此誕生。

現在，原則上凡年滿十五歲以上、七十五歲以下者，均可組成十五～六十人的團體，以郵寄方式提出申請。經申請核准後，即可於平日連續四天，在皇居及東宮御所等所在的赤坂御用地進行除草、清掃以及庭園作業。

只要參加勤勞奉仕團的活動，不僅可以進到平時禁止進入的皇居內部，甚至還有機會拜見天皇與皇后陛下。

兩位陛下待在皇居時，約每週二次與奉仕團的志工們會面，向他們表達感謝之意。稱為「打招呼」（在正式場合拜見陛下稱作「拜謁」，非正式場合則稱作「打招呼」〔ご会釈〕）。另一方面，若是在赤坂御用地執行勤勞奉仕，則由皇太子殿下到場露面，與眾人打招呼。

宮內廳官方網站上也有刊載兩位陛下向勤勞奉仕團的志工們打招呼的情況，光是二〇一六（平成二十八）年度就與二百五十一個團體、計七千八百一十六人打招呼。

可見有相當多人參加勤勞奉仕團的活動。這個始於宮城縣青年團有志青年的活動，至今已有超過一百二十萬人以上參加。

由此可知，如此美麗的皇居景觀是靠著眾多尊敬皇室的民眾的服務精神，所維持與維護的。

第五章

宮中祭祀大小事

宮中祭祀のいろいろ

國事行為及公共事務之外，天皇陛下的另一項工作

遵照傳統舉行的「宮中祭祀」

如前所述，天皇陛下所執行的公務大致可分成國事行為與公共公務兩種，光是這些公務的工作量就已經相當驚人。

然而天皇陛下的工作不僅如此，還得執行每年例行的「宮中祭祀」。

雖然宮中祭祀屬於私人活動，在戰前卻是天皇家最重視的活動。這是因為當時實施由天皇主導的「政祭一致」體制，「政治」與神道的「祭祀」緊密相扣，因此宮中祭祀也被視為一種國事行為。

不過到了戰後，GHQ（盟軍最高司令官總司令部）認為「神國日本」的國家形象與軍國主義有關連性，因此禁止日本政府援助神社神道，政府相關人士及宮內廳職員也不得

介入皇室的祭祀。

最後，宮中祭祀在憲法上被視為與日本國無關、純屬皇室的私人活動，天皇家就在這種情況下堅守宮中祭祀的傳統。

眾多神聖的祭祀

那麼宮中祭祀具體而言包含哪些內容呢？

宮中祭祀的本質是「崇敬自然，召喚並款待祖靈」。完全遵循神道，也就是天皇作為與自然調和、耕種稻作的農耕民族代表，向神明祈求豐收，同時祈求農作豐收的領土安泰、人們過得幸福且繁榮。

現在，宮中祭祀一年共計約二十幾次，分成「大祭」與「小祭」。

由天皇陛下親自主持的祭祀稱作大祭，陛下先行敬拜，接著上奏御告文。具體的例子如一月三日舉行的「元始祭」，此為慶祝皇位根本與由來的祭祀，在三殿祈求國家及國民的繁榮。

一月七日舉辦的「昭和天皇祭」也屬大祭，在昭和天皇駕崩之日，於皇靈殿舉辦莊重的祭典。而四月三日舉辦的「神武天皇祭」，則是於初代天皇駕崩之日舉行的大祭。

春分及秋分之日亦會舉行大祭，即祭祀先祖之靈的「皇靈祭」及感謝神恩的「神殿祭」，分別在春秋兩季於皇靈殿及神殿舉行。此外，十月十七日時會將剛收成的穀物作為供品，舉辦感謝神恩的「神嘗祭」。

大祭中最重要的就是每年十一月二十三日舉辦的「新嘗祭」。天皇陛下將當年剛收成的穀物獻給以皇祖神為首的眾神，以表感謝之意，同時天皇也會親自品嘗收成穀物。

另一方面，小祭則由掌典長舉行儀式，由天皇陛下敬拜。諸如一月一日凌晨五點起於宮中三殿（賢所、皇靈殿、神殿）舉行的「歳旦祭」，以及二月十七日舉行祈求五穀豐收的「祈年祭」等。

除此之外，也有不列於大祭或小祭的祭祀儀式。比方說在一月一日的早晨，天皇陛下在神嘉殿前庭朝向伊勢神宮、山陵以及四方諸神進行祈禱的「四方拜」。天皇陛下在該儀式中必須身穿最高位的祭服親自敬拜，嚴禁他人代為執行。

如前所述，現行的宮中祭祀被視為皇室的私人儀式，因此沒有向各大媒體公開詳細內容，國民自然也不大清楚詳情。不過，天皇陛下長年以來為了國家、國民以及祖先而祈禱卻是不爭的事實。

現在主要的宮中祭儀

日期	名稱	場所	內容
1月1日	四方拜	神嘉殿	早晨，天皇陛下在神嘉殿前庭朝向伊勢神宮、山陵及四方眾神進行遙拜。
1月1日	歲旦祭（小祭）	三殿	緊接著四方拜後舉行的新年祭典。
1月3日	元始祭（大祭）	三殿	在一年之始，慶祝皇位的根基與由來，祈求國家與國民繁榮。
1月4日	奏事始	鳳凰之間	掌典長向天皇陛下報告去年於伊勢神宮與宮中的祭典順利結束。
1月7日	昭和天皇祭（大祭）	皇靈殿	於昭和天皇駕崩之日舉行祭典。夜晚演奏御神樂。
1月30日	孝明天皇例祭（小祭）	皇靈殿	於孝明天皇駕崩之日舉行祭典。
2月17日	祈年祭（小祭）	三殿	祈求五穀豐收的祭典。
春分	春季皇靈祭（大祭）	皇靈殿	天皇陛下祭拜歷代天皇、皇后與皇親之靈。
春分	春季神殿祭（大祭）	神殿	感謝神恩的祭典。
4月3日	神武天皇祭（大祭）	皇靈殿	於神武天皇駕崩之日舉行祭典。
4月3日	皇靈殿御神樂	皇靈殿	在神武天皇祭夜晚，演奏御神樂以安撫神靈。
6月16日	香淳皇后例祭（小祭）	皇靈殿	在香淳皇后薨逝之日舉行祭典。
6月30日	節折	宮殿竹之間	為天皇陛下進行驅邪。
6月30日	大祓	神嘉殿	為皇族及所有國民進行驅邪。
7月30日	明治天皇例祭（小祭）	皇靈殿	於明治天皇駕崩之日舉行祭典。
秋分	秋季皇靈祭（大祭）	皇靈殿	天皇陛下祭拜歷代天皇、皇后與皇親之靈。
秋分	秋季神殿祭（大祭）	神殿	感謝神恩的祭典。
10月17日	神嘗祭（大祭）	賢所	在賢所獻供新穀，以謝神恩的祭典。
11月23日	新嘗祭（大祭）	神嘉殿	天皇陛下將新穀作為獻給皇祖與眾神的供品，以謝神恩，之後陛下也會享用新穀。
12月中旬	賢所御神樂（小祭）	賢所	從黃昏時開始演奏御神樂，以安撫神靈。
12月23日	天長祭（小祭）	三殿	慶祝天皇陛下誕辰。
12月25日	大正天皇例祭（小祭）	皇靈殿	於大正天皇駕崩之日舉行祭典。
12月31日	節折	宮殿竹之間	替天皇陛下進行驅邪。
12月31日	大祓	神嘉殿	為皇族及所有國民進行驅邪。

資料來源：宮內廳官網

新任天皇的皇位繼承儀式如何舉行？

於天皇駕崩之日繼承三神器

對萬世一系的天皇家而言，最重要的就是皇位繼承儀式。現在是由踐祚式、即位式及大嘗祭三部分所構成，回顧悠長的歷史就能看出，皇位繼承儀式的形式隨著時代變遷。

在近代，由於明治維新時發生王政復古政變，使得皇位繼承儀式產生了變化。明治天皇在即位式穿的是和風的束帶，而非過去天皇所穿的唐風服裝。

此外，宮殿的裝飾則遵循神道。一九〇九（明治四十二）年公布〈登極令〉，規定踐祚式、即位式及大嘗祭的詳細內容，大正天皇即位時就是遵照〈登極令〉規定舉行的。

到了戰後發布《日本國憲法》，規定天皇從統治者變成日本國與日本國民統合的象徵後，不但得面對政教分離衍生的問題，皇位繼承儀式也不得不多方變更。

比方說，天皇的踐祚式改名為「皇位繼承之儀」就是其中的一環。一九八九（昭和六十四）年一月七日昭和天皇駕崩後，隨即舉行今上天皇的「皇位繼承之儀」。儀式在內容上與踐祚式相同，今上天皇也在當天繼承象徵皇位的三神器。

在正殿松之間舉行的「劍璽等繼承之儀」揭開皇位繼承儀式序幕，該儀式是繼承三神器中的劍璽，即天皇隨身攜帶的天叢雲劍與八尺瓊勾玉。另一項神器八咫鏡則供奉在賢所，不可移動。接著在兩天後的一月九日舉行「即位後朝見之儀」，今上天皇在松之間會見三權首長及國民代表。

像這樣，新天皇雖然在天皇駕崩後立刻繼承皇位，不過向國內外宣示新天皇登基的即位式還要過一段時間才會舉行，期間還得經過許多階段。

首度在東京舉辦今上天皇即位禮

在這之後，繼昭和天皇之後繼承皇位的今上天皇必須服喪一年，稱作「諒闇」。喪期結束後，遂於一九九〇（平成二）年一月二十三日舉行「賢所期日奉告之儀」，也就是在賢所報告即位以及大嘗祭的日期。

附帶一提，賢所唸作「かしこどころ」（Kashikodokoro）或「けんじょ」（Kenjo），為皇居內供奉天照大神的御神體神鏡的場所。接下來到即位禮之前，還得舉行多達三十項儀式及活動。

到了一九九〇（平成二）年十一月十二日，正式舉行「即位禮正殿之儀」。上午九點，身穿帛御袍的今上天皇在宮中三殿（賢所、皇靈殿、神殿）向眾神報告即位，此即「即位禮當日賢所大前之儀及皇靈殿神殿奉告之儀」。

下午一點開始在正殿松之間舉行盛大儀式。今上天皇身穿僅在重要儀式穿著的黃櫨染御袍，登上高御座宣布即位。高御座的正面右側稍後處設有御帳台，皇后則身穿五衣唐衣裳登座。

列席於高御座下方的是身穿束帶的皇太子以下的男性皇族，御帳台下則是身穿十二單的女性皇族。出席儀式的來賓多達約二千五百人，包括國內各界代表、各國首腦及代表等。

在天皇宣讀完「即位致辭」後，由總理大臣致上名為「壽詞」的賀辭，之後出席來賓高唱三次萬歲。陸上自衛隊則於北之丸公園鳴放二十一發禮炮。

今上天皇的即位式成為首度在東京舉行的即位式，大正天皇及昭和天皇都是在京都御所舉行「紫宸殿之儀」。

象徵天皇寶座的高御座是在大正天皇即位時所建造，安置在紫宸殿。長五．四五公尺，寬六．〇六公尺，高六．四八公尺，重達八噸。由於即位禮於東京舉行，故將高御座暫時拆解後，由直昇機空運到宮殿。

松之間的儀式結束後，下午三點起開始舉行「祝賀御列之儀」。此乃天皇與皇后陛下搭乘敞篷車，從皇居正門的二重橋前往赤坂御所的遊行儀式，沿路上聚集了近十二萬人，祝賀氣氛相當熱烈。

到了夜晚開始舉行「饗宴之儀」，到十一月十五日為止，舉辦晝夜共計七次的祝宴。另外，十一月十三日於赤坂御苑舉行園遊會，十八日則在宮殿東庭舉行一般參賀。

如前所述，皇位繼承儀式與活動不僅規模龐大，數量也相當多。在一連串的儀式當中，於即位禮當天舉行的「即位禮正殿之儀」、「祝賀御列之儀」、「饗宴之儀」被政府定位為「國事行為」，即位式當天為國定假日。至於新天皇為眾神準備新穀，與眾神一起享用的「大嘗祭」，則被視為皇室的公共活動。關於大嘗祭將在下篇詳細介紹。

即位後的首次新嘗祭是宮中祭祀當中最重要的活動

宮中祭祀當中最重要的大嘗祭

「大嘗祭」是指天皇即位後首次舉行的新嘗祭。由於規模比一般新嘗祭來的大，是宮中祭祀當中最受重視、一代僅此一次的大祭。據說大嘗祭是在七世紀末、天武天皇在位時所確立的。

大嘗祭的意義深遠，還沒舉行大嘗祭的天皇只能算是「半帝」，當這場儀式順利結束後，皇位繼承儀式才算正式完成。可是，儘管大嘗祭屬於如此重大的儀禮，卻因宗教色彩濃厚，《皇室典範》內也沒有明文規定，故被定位為皇室的私人活動而非國事行為。

首先，先來釐清一般新嘗祭的內容。

新嘗祭於每年十一月二十三日的勤勞感謝日舉行，從前晚開始舉行儀式。即向眾神供奉使用該年收成的新穀煮成的飯與酒，而天皇陛下也親自品嘗新穀。目的為感謝神明賜予收成，同時祈求五穀豐收及世界和平安寧。

將新嘗祭的規模與重要性擴大提升後就是大嘗祭。以今上天皇為例，一九九〇（平成二）年十一月十二日舉行即位禮，十天後的二十二、二十三日則舉行大嘗祭。這兩項儀式並稱為「平成大禮」。

大嘗祭的準備從一九九〇年二月八日的「齋田點定之儀」開始。此乃決定大嘗祭中製作神饌所使用的米粟該於何處的齋田栽種之儀式。在宮中神殿的前庭以「龜卜」來進行占卜，最後決定為秋田縣（悠紀田）與大分縣（主基田）。

至於作為祭祀舞台的大嘗宮，則在皇居的東御苑進行準備工作。在面積約九千平方公尺的用地上，於七月時採伐並移植樹木，八月時舉行地鎮祭，開始興建由悠紀殿、主基殿、廻立殿等由三十九棟建築所構成的大嘗宮。大嘗宮的總面積為三千二百平方公尺，不過在儀式結束後隨即拆除。

天皇與眾神一起享用神饌

待大嘗祭的準備工作完成，盛大的即位禮結束後，接著就要舉行大嘗祭。首先在十一月十六日派遣勅使前往神宮，二十日舉行「大嘗祭前二日御禊」及「大祓之儀」，前者是替天皇祓禊，後者則是替皇族成員等出席來賓進行祓禊。接著在翌日二十一日，舉行安撫御靈、祈求儀式平安順利的「大嘗祭前一日鎮魂之儀」。

終於到了大嘗祭當天。首先，先端出米粟飯、以新穀釀造的白酒及黑酒、生鮮及水果等神饌。到了晚間六點半，沐浴淨身後穿上白色御祭服的天皇陛下進入悠紀殿，用筷子從每道神饌各夾取一部分來供奉眾神。天皇陛下在感謝天照大神等眾神神恩後，也與眾神一起享用部分神饌。其後，天皇陛下回到廻立殿沐浴淨身，午夜十二點半則在主基殿舉行相同儀式。

有關大嘗祭的意義，最不可動搖的說法是大嘗祭乃從天照大神繼承天皇靈、授予神格的儀式。大嘗殿內的中央備有神座，相傳天皇與降臨神座的大神同床共殿後，就會成為神子。

大嘗祭屬於非公開的祭祀，長年以來一直被稱作秘儀。儘管舉行儀式之際有總理大臣以下的眾多來賓列席，但都是待在大嘗宮外側，就連皇太子也是待在鄰近的西隔殿等待。在今上天皇的大嘗祭上也無人得知內部情況。不過在最近，皇室開始向民眾公開新嘗祭的模樣。二〇一三（平成二十五）年十二月二十三日是今上天皇迎接八十歲傘壽的大日，皇室也趁此機會首度對外公開新嘗祭的影像與照片。

男性皇族的結婚須經過好幾項儀式才能獲得承認

男性皇族結婚須經過皇室會議的承認

以秋篠宮家的長女真子殿下宣布訂婚為開端，皇族成員的婚事成為大眾的注目焦點。以真子殿下的情況而言，結婚後將脫離皇籍成為民間人士，雖然得舉行許多儀式，但沒有規定結婚儀式。不過男性皇族可就不同了，必須通過不少麻煩瑣碎的手續。

首先，得先得到皇室會議正式承認婚事。皇室會議的成員如下：兩名皇族、參眾兩議院的議長及副議長、內閣總理大臣、宮內廳長官、最高裁判所長官以及最高裁判所法官，共計十名。下面就以皇太子殿下為例來說明後續流程。

一旦婚事獲准後，接著就得舉行相當於下聘的「納采之儀」、告知結婚日期的「告期之儀」，最後才舉行「結婚之儀」。

舉行納采之儀時，皇太子殿下派使者拜訪新娘的娘家小和田家。待雅子殿下與雙親出來迎接後，由使者告知舉行納采。雅子殿下答道：「我很樂意接受」，使者將聘禮目錄交給雅子殿下後，結束儀式。舉行完納采之儀後，雙方正式締結婚約。

其次是告知婚禮日期的「告期之儀」。由於皇太子殿下結婚屬於國家儀式，故連婚禮日期也得透過內閣決議才行。待內閣決議後，天皇陛下再派使者拜訪小和田家、報告婚禮日程。在婚禮之前，雅子殿下必須接受王妃教育，準備禮服以及賓客名單。

在結婚之儀的前一天，皇太子殿下與雅子殿下會舉行「贈書之儀」，即透過侍從互贈和歌。如此一來就完成了婚禮之儀的準備。

傳統典雅的束帶與十二單

結婚之儀在宮中舉行。皇太子殿下身穿宮中的正裝束帶，新娘雅子殿下的髮型則梳成大垂髮，身穿五衣唐衣裳。皇太子殿下所穿的束帶稱作黃丹袍，其顏色象徵旭日，只有皇太子才能穿這套衣服。雅子殿下穿的是五衣唐衣裳，即所謂的十二單，從內層依序為小袖、長袴、單、五衣、內衣、表著及唐衣，最後披上拖著長長下擺的裳。兩位殿下就以這身裝束，在宮中三殿之一的賢所舉行結婚之儀。皇祖神天照大神供奉在賢所中，結婚之儀的內容便是在天照大神前交杯共酌，立下結婚誓言，其後到皇靈殿、神殿向眾神報告結婚。

結婚之儀結束後，皇太子殿下與雅子殿下分別換上燕尾服與中禮服，前去拜見天皇與皇后陛下。此即報告結婚與致謝的「朝見之儀」。雅子殿下在與兩位陛下交談及交杯後，正式成為皇太子妃。

之後，從皇居到東宮御所的回程上舉行結婚遊行。對雅子殿下而言，這是成為皇太子妃後首度在國民面前露面的儀式。

皇太子與皇太子妃殿下回到新居後，舉行首次一起用餐的「供膳之儀」；婚後三天內舉行供奉慶賀年糕的「三箇夜餅之儀」，此乃自古流傳下來的傳統儀式，源自盛行訪妻婚[1]的平安時代，即男性往來於女性家中，女婿開始到妻子家過夜的第三天才算正式結婚，接著舉行新婚夫婦一起吃年糕慶祝結婚的儀式。

最後的儀式就是在宮殿內舉行「祝宴之儀」，也就是一般所說的喜宴，為期三天，邀請皇族成員、國會議員以及民間人士代表等參加。

以上就是一連串結婚的流程。由此可知，身為男性皇族，要舉辦婚禮並不容易。皇太子殿下的婚禮屬於國家活動而非私人活動，故婚禮費用全數列入國家預算。

1 訪妻婚，一種盛行於平安時代的婚姻形式。男女成婚後依然住在各自的家裡，由丈夫造訪妻子的娘家進行「訪妻」的形式。

從懷孕到初用筷子，一個接一個地舉辦慶祝活動

始於著帶之儀的生產儀式

當皇室有嬰兒出生時，就會舉行各種祈求嬰兒健康成長的儀式，而且自嬰兒誕生前就已經開始。

當王妃殿下懷孕時，就會舉行「著帶之儀」，亦即纏上名為「岩田帶」的托腹帶之儀式。皇室中會在懷孕第五個月的戌日[2]舉行內著帶[3]儀式作為親族間的賀儀，到了懷孕第九個月的戌日會正式舉行著帶之儀。而在坊間也保留類似的習俗，為了祈求像多產的狗一樣順利生產，會在懷孕第五個月的戌日纏托腹帶。

著帶之儀的歷史相當悠久，早在平安時代一條天皇在位時就留下了舉行著帶之儀的紀錄。到了江戶時代，則演變為內著帶與著帶之儀的兩階段儀式。

一般人大多使用白棉布作為托腹帶，而皇室則使用生平絹。此乃天皇陛下所賞賜的托腹帶，不但寄宿著天皇之靈威，同時也蘊含祈求順利生產的心願。

著帶之儀分成三階段，「御帶進獻之儀」、「著帶奉告之儀」以及「著帶之儀」。御帶進獻之儀是透過使者將天皇陛下所賜的托腹帶送達的儀式，著帶奉告之儀則是將托腹帶供奉在宮中三殿，由侍從及女官敬拜的儀式。而著帶之儀則是纏裹托腹帶的儀式。

出產當天以後的儀式

嬰兒誕生後最先舉行的儀式，就是天皇陛下在當天或隔天賜予白鞘直刀的「賜皇子御劍之儀」。劍被視為保護皇子不受惡靈侵犯的「守護之刀」，若誕生的是皇女則賜予

2　戌日，以干支來計算，戌日為第十一日，每隔十二天就會出現戌日。根據日本習俗，孕婦在懷孕第五個月時會在戌日纏托腹帶來祈求生產順利。

3　內著帶，在皇室，為祈求順利生產，會在懷孕第五個月的戌日舉行非正式的「內御著帶」（ないおんちやくたい）儀式，相當於一般的「帯祝」（帯祝い，又稱著帶式）儀式。

袴，均置放在嬰兒枕邊。

到了出生第七天，亦即御七夜，則舉行天皇陛下賜名的「命名之儀」，賜予天皇或皇太子的孩子名字與稱號。然後由女官長將天皇陛下親筆寫的名字，及宮內廳長官所寫的稱號放在嬰兒枕邊。

在同一天，也會舉行相當於洗兒禮的「浴湯之儀」及「讀書鳴弦之儀」。此乃驅除惡魔、祈求嬰兒健康成長及學問進步的儀式。

由女官抱著嬰兒沐浴之時（或是做出沐浴的動作），由負責「讀書」的文官高聲朗讀《日本書紀》等文獻其中一節。期間，負責「鳴弦」的武官一邊高喊「喔——」，一邊拉彈弓弦。這是從平安時代流傳下來的傳統儀禮，負責讀書與鳴弦的文武官須身穿衣冠束帶舉行儀式。

待一連串的儀式結束後，在嬰兒誕生後五十日就要舉行首度參拜宮中三殿的「拜謁賢所皇靈殿神殿之儀」，也就是一般所說的參拜禮（お宮参り）。首度參拜宮中三殿結束後，生產相關的儀式也全部結束。

其後在每個成長階段，還會繼續舉行以「初御箸之儀」為首的各項儀禮。

令全日本民眾悲痛欲絕的昭和天皇「大喪之禮」

於新宿御苑舉辦的昭和天皇葬禮

天皇的葬禮稱作「大喪之禮」。根據《皇室典範》第二十五條規定「天皇駕崩時舉行大喪之禮」，昭和天皇則是於一九八九（昭和六十四）年二月二十四日舉行大喪之禮。

昭和天皇於一月七日駕崩，遺體安置在吹上御所一樓作為起居室的槻殿。隔天舉行將遺體放進檜木製靈柩的「御舟入」儀式，其後將靈柩移至正殿松之間，繼續舉行「殯宮移御之儀」。在這之後距離大喪之禮約一個月期間，祭官長每天都會舉行供奉祭品的「殯宮日供之儀」，天皇與皇后陛下及皇族成員也會每隔十天來此敬拜。

到了大喪之禮當天，上午九點半，在陸上自衛隊發射二十一發弔炮下，載著靈柩的靈車離開皇居，駛向葬場所在的新宿御苑。

在葬場上，將靈柩移到名為「蔥華輦」的轎子上後，由身穿衣冠單的皇宮警察負責抬轎，將靈柩安置在完全以檜木建造的葬場殿。

接下來，首先舉行「葬場殿之儀」。由祭官長先宣讀祭詞，接著今上天皇鞠躬敬拜後宣讀誄文（弔詞），皇族成員亦鞠躬敬拜。

之後舉行被列為國事的「大喪之禮」。全員默禱後，由三權首長內閣總理大臣、參眾兩院議長以及最高裁判所長官致上弔詞，再由在場出席者鞠躬敬拜。當天的出席者包括各界、各國代表等，人數將近一萬人。

其後，靈柩以轜車載往武藏陵墓地後，放置於石室內。接著舉行「陵所之儀」，由祭官長宣讀祭詞、今上天皇宣讀告文、皇族成員與三權首長依序敬拜。

自翌日起，將舉行長達一年、相當於佛教的追善供養之儀式。即由祭官在宮中的權殿與山陵（陵墓）舉行日供、十日、二十日、三十日、四十日、五十日及百日祭典。到了二月七日則舉行一週年祭，翌日舉行大祓後，葬禮才到此結束。

神道式葬禮始於明治時代

令人意外的是，皇室的神道式葬禮乃是明治政府所制定。

從朝廷過去嚴加保護佛教的歷史來看，在中近世，天皇家長期以來一直採用佛教葬禮。當然也曾在寺院內興建陵墓。

然而，由於王政復古使得日本轉變成天皇統治的國家，明治政府企圖將神道國教化，故皇室葬禮也從佛教式改成神道式。經過多次檢討後，終於在一九二六（大正十五）年公布《皇室喪儀令》，裡面詳細規定關於神道式葬禮的細節。

一九一二（明治四十五）年，明治天皇的葬禮大致依照《皇室喪儀令》的規定舉行，直到大正天皇的葬禮才正式完全套用。

不過在戰後，天皇從統治者轉變成日本與日本國民統合的象徵，故廢除《皇室喪儀令》。從上述經過來看，昭和天皇的葬儀原則上雖依照《皇室喪儀令》規定舉行儀式，但同時也遵照政教分離原則。

這樣的結果，使得葬列與「大喪之禮」屬於國事行為，而遵照神道儀禮的「葬場殿之儀」則被定位為皇室的私人活動。具體而言，「葬場殿之儀」結束後會暫時拉下幔門，撤掉鳥居與真榊[4]等宗教要素、待祭官退席後，才會再度拉開幔門舉行「大喪之禮」。
像這樣，天皇的葬禮也會隨著時代而變遷。

4 真榊，舉行神事時立於祭壇左右兩側的祭具。

新年祝賀儀式

在揮舞日之丸旗的國民前，天皇陛下公開致詞的盛大儀式

接受近千人祝賀新年

憲法所規定的國事行為當中，在一年之始舉行的國事行為就是「新年祝賀之儀」。亦即在每年一月一日，天皇與皇后陛下接受皇太子殿下以下的皇族成員、三權首長以及駐日外交團等賀年的儀式。

自古以來，每逢元旦文武官都會舉行向天皇賀年的儀式（朝賀）。受此影響，進入明治時代，在一九二六（大正十五）年的《皇室儀制令》中制定了「新年朝賀之儀」。於一九五二（昭和二十七）年，通過內閣決議列入國事行為中，直至今日。

天皇陛下的元旦很早就開始了。趁天還沒亮的清晨，舉行宮中祭祀中的四方拜（請參照下篇）。天皇回到御所後便與皇后陛下一同用餐，並接受侍從、女官等職員的賀年。

稍後陛下換上燕尾服，與身穿中禮服的皇后陛下從御所前往宮殿。在宮殿品嘗過「晴御膳」後，接著接受宮內廳幹部、皇族成員、前皇族及親族賀年。

到此為止都是皇室內的活動，接下來終於要舉行「新年祝賀之儀」。

首先，天皇與皇后陛下在正殿梅之間接受首相以下的閣僚祝賀、正殿松之間是參眾兩院議長等立法府高官、正殿竹之間則是最高裁判所長官等司法相關人員，最後再回到正殿松之間接受檢事總長與各省廳事務次官、都道府縣知事及議長等人賀年。過程由兩位陛下親自移動到特定地點接受賀年，而非由出席者輪替。

下午接受宮內廳內的祝賀後，自下午兩點半起在松之間接受將近一百五十國駐日本大使夫妻的賀年。這也是新年祝賀之儀的一環。

基本上，祝賀是由各代表者到天皇與皇后陛下面前賀年，陛下再回禮的形式進行，皇族成員與大使夫妻分組依序在陛下面前獻上最高敬禮，兩位陛下則點頭致意。外交團因人數眾多，甚至得花費近一小時。一天下來兩位陛下得接受近一千人的祝賀。

翌日一月二日，兩位陛下在皇居宮殿的長和殿陽台露面，這次則是接受一般國民的賀年（一般參賀）。天皇陛下在這時向國民發表新年感言的景象可說是廣為人知，不過一般參賀算是公共公務，而非國事行為。

四方拜

與大嘗祭、新嘗祭同樣重要的元旦儀式

以四方拜為一年之始的宮中祭祀

天皇陛下是如何迎接一年的開始呢？本篇將針對元旦的宮中祭祀詳加介紹。

元旦的四方拜是一年祭祀的開始。清晨五點半，天皇身穿僅天皇才能穿著的儀式用黃櫨染御袍，向伊勢神宮遙拜。接下來向天地四方的天神地祇、天皇陵、一宮冰川神社（東京都）、一宮賀茂兩社（京都府）、石清水八幡宮、熱田神宮、鹿島神宮、香取神宮等遙拜。天皇陛下遙拜祈求國家安泰、五穀豐收，並祝福新生命的復甦。

四方拜乃自平安初期的嵯峨天皇時代流傳至今的傳統儀式，任何人都不准觀看天皇遙拜時的情況，當然也嚴禁由他人代為執行。因為四方拜與新嘗祭、大嘗祭同等重要。

接下來在宮中三殿舉行歲旦祭。此乃在一年之初、一月的第一天，即一月一日感謝天照大神為首的眾神，同時祈求國家繁榮的祭祀。

在賢所及皇靈殿，由女性內掌典在神前供奉神酒。清晨五點時供奉神饌（精米一升及精粟五升）與幣帛，由掌典長誦唱祝詞。到了清晨六點，天皇陛下在四方拜結束後進入賢所，於內陣就座。接著獻上御玉串[5]並鞠躬敬拜，然後搖響搖鈴。而在皇靈殿與神殿也會進行同樣的儀式（搖鈴只有賢所才有）。

天皇陛下退出神殿後，接著由皇太子殿下分別到三殿敬拜。

歲旦祭屬於小祭，一月三日舉行的是大祭「元始祭」。天皇陛下同樣身穿黃櫨染御袍，於上午十點從賢所進入綾綺殿，獻上御玉串並鞠躬敬拜，宣讀告文，然後搖響搖鈴。之後在皇靈殿與神殿也同樣敬拜、宣讀御告文，以感謝神恩並祈求皇室與國家繁榮。接著身穿相同裝束的皇后、皇太子與皇太子妃也前往三殿的內陣拜謁、敬拜。再來則由身穿西服的皇族成員、宮內廳與皇宮警察的職員等前往各殿依序敬拜。

諸如上述，從元旦到一月三日期間，天皇陛下為祈求國家安泰，肅穆地執行各式宮中祭祀。

5 玉串，指在神道舉行神事時，神主供奉在神前飾有紙垂與棉繩的紅淡比樹枝。

歌會始

和歌是皇室的傳統，由NHK現場直播的新年第一場歌會

一般民眾的入選作品將被吟誦

每年一月中旬的「歌會始之儀」是按新年慣例舉行的宮中活動，由NHK電視台轉播。由於新聞也會報導，相信有不少人都曾看過歌會會場的情況。

天皇與皇后陛下、皇太子殿下為首的皇族成員都會出席歌會始。而文部科學大臣、日本藝術院會員等也會到場陪聽。

在會場發表的不光只有皇室成員的和歌作品。向宮中投稿詩歌稱作「詠進」，以歌會始來說會事先公布主題，向一般大眾募集詩歌作品。其後，從募集的作品當中選出最優秀的十首作為「預選歌」（入選歌），在歌會始上吟誦給兩位陛下及皇族成員聽。

繼十首預選歌之後，接著吟誦一名評選人的和歌以及作品獲陛下青睞之召人[6]的和

歌，隨後吟誦皇族成員的和歌以及皇后陛下的和歌（御歌），最後吟誦天皇陛下的和歌（御製）。預選者能以陪聽者身分進入會場，當吟誦到自己的作品時要起立。會後，會安排時間讓兩位陛下與入選者交談，是透過和歌與皇族成員交流的難得機會。

據說和歌隨著日本國的誕生而生，歷代天皇為了祈求國民的幸福而吟誦詩歌。從很久以前開始，就會舉行以特定主題吟誦詩歌的「歌會」，在《萬葉集》當中也有記載。關於天皇於一年之始舉行的「歌御會始」（即日後的歌會始），可追溯到鎌倉時代中期的文獻記載，歷史相當悠久。而在江戶時代，幾乎每年都在宮中舉行歌御會始。

這種歌會原本只是皇族與近臣之間的活動，直到明治天皇改變了歌會的意義。不僅開放一般國民的詠進，獲選的優秀作品也開始在歌御會始上發表。

到了戰後，為了擴大募集和歌作品，主題也變得平易近人。相較於以前的「庭上鶴訓」、「社頭寒梅」等主題，近年則以「立」、「靜」、「本」、「人」、「野」等為主題，可看出主題變得更方便一般國民詠進。不僅在日本國內，甚至在國外也備受注目，每年募集到的詠進約有兩萬首。

6　召人（めしうど），是指詩歌作品得到天皇陛下青睞者，每年選出一名。

重點在於持續踢球而非競爭的遊戲

中大兄皇子也好蹴鞠

聽到蹴鞠，相信有不少人會聯想到每年京都御所於春秋兩季一般公開時所看到的高雅遊戲。還有新年時在下鴨神社舉行的奉納活動「初蹴鞠」等，現在蹴鞠作為神社例行活動的一環傳承下來。

踢鞠的鞠足（表演者）身穿鞠袴、鞠水干裝束，腳則穿上形狀如同鴨嘴般特殊的鴨沓。蹴鞠的專用場地鞠庭約為十三．五公尺見方，四角立有松、櫻、柳、楓等樹木。場地內由八名、六名或四名鞠足圍成一圈，持續不斷地輪流踢球，避免讓鞠落地。

踢鞠時只能用右腳，以看不見腳掌的程度抬腳踢鞠，且不可屈膝彎腰，須以優雅的姿勢踢鞠。

鞠使用鹿皮縫合製成，直徑約二十公分，重約一百至一百五十公克。由於鞠採用純手工製作，故形狀大小及重量會有些微出入。

據說這種優雅的遊戲約在一千四百年前的大和朝廷時代，從中國傳入日本。六四五（大化元）年主導大化革新的中大兄皇子（日後的天智天皇），也是以蹴鞠之會為契機與中臣鎌足交好的。

現代的球技運動是以競爭分數高低為樂，不過蹴鞠並不是以競爭為樂的遊戲。蹴鞠重視的是如何讓對方易於接鞠、而且好踢的傳鞠方式，而非一決勝負。

因此，蹴鞠並沒有一場比賽幾分鐘的時間限制。由圍成一圈的鞠足進行遊戲，通常約十至十五分鐘左右，當其中一名鞠足喊停後便結束遊戲。

蹴鞠為宮中相當受歡迎的遊戲，在平安中期以後的古書上可找到經常舉辦鞠會的紀錄。蹴鞠與和歌一類相同，被當作貴族的嗜好而受到重視，在鎌倉時代亦普及於武士階級。到了江戶時代甚至滲透到平民間，常成為謠曲、狂言及浮世草子[7]的書寫題材。

進入明治時代後，蹴鞠傳統瀕臨危機。自維新之後，由於近代化、西化加速進行，

7 浮世草子，誕生於江戶時代的前期近世文學的主要文藝形式之一。又稱浮世本。

優雅的球技遊戲也漸漸變得落伍。

明治天皇對此感到擔憂，遂在一九〇三（明治三十六）年頒布勅命。由於天皇的勅命與發放下賜金，在京都的有志人士便成立蹴鞠保存會，這才脫離危機，使得蹴鞠活動延續至今。

第六章

皇室的歷史

皇室の歴史

皇室起源

日本皇室始於何時？

日本皇室的起源為天照大神

據說日本皇室的起源是日本神話中高天原（天界）的主神天照大神。天照大神以躲進天岩戶裡，使整個世界陷入黑暗的「天岩戶傳說」而聞名，現在為伊勢神宮內宮所祭祀的皇室皇祖神。

那麼，天照大神與皇室有何關聯？這得從神話「天孫降臨」談起。在日本最古老的史書《古事記》及《日本書紀》（記紀）當中記載如下：

天照大神下令其孫瓊瓊杵尊從高天原降臨人間，統治日本國。只要天地尚存，瓊瓊杵尊的子孫將會一直統治日本。此乃「天壤無窮之神敕」。

瓊瓊杵尊降臨日向的高千穗，與山神大山祇神之女木花咲耶姬結婚。兩人之間育有火闌降命（海幸）、彥火火出見尊（山幸）兩子。不久火闌降命與彥火火出見尊因魚鉤遺失而對立，彥火火出見尊遂前往海神宮。彥火火出見尊在那裡與海神之女豐玉姬結婚，也成功讓其兄服從。

彥火火出見尊與豐玉姬之間育有一子，名叫鸕鶿草葺不合尊。鸕鶿草葺不合尊與豐玉姬的妹妹玉依姬之間育有神日本磐余彥尊，而神日本磐余彥尊就是初代天皇——神武天皇。

神武天皇四十五歲時，以東方有適合作為都城的土地（大和）為由，與其兄率領大軍出發。北上到宇佐、筑紫後，往瀨戶內海方向前進，分別在安藝與吉備停留數年，才終於抵達浪速。神武天皇雖在與豪族長髓彥的戰事中吞敗，失去了兄長，但在歷經一番苦難後終於征服大和，在橿原宮即帝位。此即所謂的「神武東征」故事。根據《日本書紀》記載，神武天皇即位時為紀元前六六〇年二月十一日。現在，這天被立為「建國紀念日」（戰前稱作「紀元節」）。

傳說與史實的界線在哪？

可是，關於《古事記》與《日本書紀》的解讀諸說紛紜，大多專家認為神武天皇乃傳說中的天皇。一般認為大和政權實際上成立於三～四世紀，與神武天皇即位的紀元前六六〇年實在相隔太遠。

另外，《日本書紀》中記載第一個治理大和國的天皇，除了神武天皇外，還提到崇神天皇。在《古事記》當中，也記載崇神天皇為第一個治理大和國的天皇。從上述可知，從神武天皇到第九代開化天皇僅為傳說天皇的說法最為穩固。

既然如此，究竟誰才是史實上的初代天皇？有說法認為是崇神天皇，也有人主張到第十四代仲哀天皇都屬於傳說天皇，從第十五代應神天皇或第十六代仁德天皇開始，才是存在於史實的天皇。

據說高天原神話成立於第六世紀中葉、第二十九代欽明天皇的時代。《古事記》成書於七一二（和銅五）年，《日本書紀》則成書於七二〇（養老四）年。隨著現代研究積極進行，也出現各種不同的看法。

由於時代過於遙遠，很難驗證什麼是神話、什麼才是史實。不過皇室的宮中祭祀則將《日本書紀》中的記述當作史實，舉行祭祀。

另外，據說從第四十代天武天皇在位時代，才開始使用「天皇」的稱號，在此之前一律稱為「大王」。關於天皇號的由來，有說法認為是受到道教影響，基於中國傳說中的皇帝以「天皇、地皇、人皇」表示；亦有說法認為是源自將北極星神化的「天皇大帝」，不過目前仍無定論。

女性天皇的歷史

日本過去曾有哪八位女性天皇在位？

推古天皇乃日本史上第一位女性天皇

近年來，關於導入女性天皇以及皇位繼承資格擴大到女系皇族等議題，引發各界討論。爬梳歷史後可得知，日本過去曾出現過十代、八位女性天皇。那麼，歷代的女性天皇是怎樣的人物呢？

十代、八位女性天皇當中，有八代、六位的在位時期落在六～八世紀。

第一位女帝是第三十三代推古天皇。推古天皇為第二十九代欽明天皇的皇女，後來成為同父異母兄第三十代敏達天皇的后妃，敏達天皇的後兩代天皇（第三十一代用明天皇、第三十二代崇峻天皇）由推古天皇的親兄弟繼承，推古天皇則在其後繼承皇位。

提到推古天皇，相信大多數的人都會聯想到聖德太子。推古天皇立自己的姪子聖德太子為攝政，推動整備中央集權的國家體制，開創飛鳥時代的全盛期。

第二位女性天皇是第三十五代皇極天皇。她原是第三十四代舒明天皇的皇后，其子為皇位繼承人選中大兄皇子（日後的第三十八代天智天皇），由於舒明天皇駕崩時中大兄皇子的年紀尚輕，皇后遂即位成為過渡時期的天皇。

然而，中大兄皇子與藤原（中臣）鎌足等人發動乙巳之變（大化革新），推翻當時權傾一時的蘇我氏。此一事件導致皇極天皇退位，由其弟即位成為第三十六代孝德天皇，可是孝德天皇在位不到十年就駕崩，於是皇極天皇再度即位，成為第三十七代齊明天皇。

第三位女性天皇為第四十一代持統天皇。持統天皇是天智天皇的皇女，也是第四十代天武天皇的皇后。她在天武天皇駕崩後即位，展現出色的政治手腕，在其主導下完成律令體制。原以為持統天皇不過是過渡時期的天皇，實際上並不簡單。

之後，歷經第四位女性天皇第四十三代元明天皇、第五位女性天皇第四十四代元正天皇後，終於輪到第六位女性天皇孝謙天皇登場。

孝謙天皇是以興建奈良大佛聞名的第四十五代聖武天皇的皇女，因沒有男性繼承人而即位。其後，孝謙天皇暫時讓位給第四十七代淳仁天皇，然而孝謙上皇與淳仁天皇之間的對立日漸加深，孝謙上皇遂廢掉淳仁天皇，自己再度即位為第四十八代稱德天皇。

諸如前述，從推古天皇即位的六世紀末到八世紀後半的稱德天皇期間，約每隔一代就誕生一位女性天皇，並由稱德天皇成為古代的最後一位女帝。

江戶時代也誕生兩位女性天皇

在平安時代、鎌倉時代以及室町時代都沒有出現女性天皇，直到江戶時代才久違地復出。

一六二九（寛永六）年，第一〇九代明正天皇即位。實則睽違八百五十九年誕生的第七位女性天皇。其父是第一〇八代後水尾天皇，其母則是德川第二代將軍秀忠之女和子，在這前後以德川家為外戚的天皇只有明正天皇一人。

明正天皇即位時年僅七歲，由於父親後水尾天皇在德川幕府的強勢壓迫下憤而讓位，才會誕生年幼的女帝。

接下來是第八位，也是現階段最後一位女性天皇，即第一一七代後櫻町天皇。後櫻町天皇乃是第一一五代櫻町天皇的皇女。由於第一一六代桃園天皇駕崩之際皇子還年幼，便由後櫻町天皇於一七六二（寶曆十二）年即位，八年後讓位給後桃園天皇。

自後櫻町天皇以來直到現在，已過了將近二百五十年。不知何時才會誕生第九位女性天皇呢？

長年以來支撐著皇室的貴族官人

公家有七成均為藤原氏

皇室是靠公家所支撐過來的。對皇室而言，公家的存在相當重要，幾乎可說是沒有公家，皇室就無法成立。

公家的發祥起源，是古墳時代仕於朝廷、身分世襲化的豪族。這些豪族一一沒落後，合稱「源平藤橘」的公家，亦即源氏、平氏、藤原氏及橘氏開始崛起，其中以藤原氏的勢力最大。

藤原氏是以主導大化革新的藤原（中臣）鎌足為始祖的大族，自從鎌足的兒子不比等將女兒光明子嫁給聖武天皇、成為皇后以來，藤原氏作為天皇的外戚權傾一時。到了平安時代，藤原氏擔任攝政及關白，君臨政界巔峰。其後，時代雖轉變為武士的時代，不過到明治維新為止，藤原氏的嫡流一直獨占攝政及關白的地位長達近千年之久。

明治維新時，公家當中的最上級幾乎都是藤原氏嫡流。而且公家當中家格最高的近衛、鷹司、一條、九條、二條等五攝家當中，近衛、一條及鷹司三家甚至成為皇室的子孫。

自安土桃山時代到江戶時代，第一〇七代後陽成天皇一直與豐臣秀吉關係密切，由於近衛家與一條家收養後陽成天皇的兩位皇子作為攝家的養子，故成為天皇的子孫；鷹司家則收養閑院宮直仁親王之子為養子，亦成為天皇的子孫；近衛家方面，由於之後並沒有從其他家收養養子，至今仍流著皇胤的血脈。

進入明治時代，公家成為擁有支持天皇之特權身分的華族，分別授予爵位。攝家出身者為公爵，其下的清華家出身者為侯爵，被授予子爵以上爵位的公家當中，藤原氏就佔了約七成。此外，幾乎所有公家都隨著天皇東上，先後從京都遷到東京。

然而，上級公家與其他公家之間也會產生階級差距。例如近衛家與冷泉家等被視為名門，在國會上以貴族院議員的身分大為活躍；而另一方面，其他多數公家則淪為普通的市井之家。到了戰後，隨著華族制度廢除，公家的榮華歷史也就此劃上句點。

現在逐漸減少的宮家之榮枯盛衰

戰後，十四家宮家當中有十一家消滅

在皇室相關的新聞報導中常會出現宮家一詞。宮家是為協助天皇家，避免皇統斷絕而設置的皇族分家，過去也有過增減。

江戶時代末期，宮家只剩下「四親王家」的伏見宮、桂宮、有栖川宮以及閑院宮四家。沒有子嗣的宮家會從天皇家領養養子，而繼承人以外的男子則出家，不留下子孫。可是從幕末進入明治時代，皇室的規模開始隨王政復古而擴大，宮家數量也大幅增加。

首先在幕末動亂時，出家的皇子奉命還俗，創設了久邇宮家與山階宮家。睽違約一百五十年的新宮家就此誕生。其次，明治時代時還禁止皇子出家，因而創設了小松宮家、華頂宮家、梨本宮家以及北白川宮家。雖然也有因沒有子嗣而斷絕的宮家，不過直至太平洋戰爭之前，皇室規模確實逐漸擴大。

然而戰後情勢一轉，皇室不得不縮小規模。掌管日本佔領政策的ＧＨＱ（盟軍最高司令官總司令部）為了削弱皇室，消滅了十四家宮家當中的十一家。宮家脫離皇籍稱為「臣籍降下」，北白川宮、梨本宮、朝香宮、賀陽宮、東伏見宮、伏見宮、東久邇宮、久邇宮、山階宮、閑院宮以及竹田宮皆被列為脫離皇籍的對象。

面臨臣籍降下的十一家宮家，全都屬於四親王家的筆頭伏見宮家系統。據說昭和天皇等部分皇族反對ＧＨＱ的決定，可是ＧＨＱ卻不予採納。結果，十一家宮家全都脫離皇族成為民間人士，過著一般人的生活。相信有不少舊皇族因不習慣這樣的生活，而吃了不少苦頭。

就這樣，宮家只剩下大正天皇的皇子，即昭和天皇之弟的秩父宮、高松宮以及三笠宮三宮家。之後，秩父宮與高松宮斷絕。加上今上天皇的次子秋篠宮、今上天皇之弟常陸宮、三笠宮的三子高圓宮三家，現在只剩四宮家。

近年來，坊間也開始議論為了維繫皇統繼承，應該讓十一家舊宮家恢復皇籍，不過其中有七家不是斷絕就是沒有男性繼承人，目前只剩下久邇家、朝香家、東久邇家與竹田家四家。

脫離皇室的女性，嫁入皇室的女性

過去規定只能與皇族結婚

二〇〇五（平成十七）年，今上天皇唯一的女兒清子殿下嫁到平民家系的黑田家，離開皇室。而根據最近的新聞報導，秋篠宮家的長女真子殿下將與大學同學內定婚約，有不少人認為真子殿下脫離皇籍太過可惜。

諸如這些案例，與一般男性結婚的女性皇族必須離開皇室，尤其像是清子殿下及真子殿下地位的內親王，在戰前其實禁止與皇族以外的民間人士結婚。幕末時，皇女和宮下嫁德川第十四代將軍家茂成為改寫歷史的重大事件；當時尊王攘夷運動的氣勢高漲，幕藩體制則搖搖欲墜，因此幕府打算透過與朝廷聯姻來重建體制。

其後，明治天皇膝下四名內親王均嫁給皇族男性，創設新的宮家。至於昭和天皇膝下四名內親王，成子殿下在戰時嫁給東久邇宮盛厚王，到了戰後，妹妹也嫁到公家及舊藩主的家系。正因如此，清子殿下與平民家系的男性結婚，自然成為注目焦點。

時代追溯到古代到南北朝時代，當時未婚的女性皇族將被選為伊勢神宮的齋宮（齋王）。齋宮是指職務類似巫女的女性，代替天皇侍奉皇祖神天照大神，隨著天皇駕崩與退位更替。根據紀錄，七世紀後半到十四世紀前半期間留下了六十多位齋宮的名字。

另一方面，非皇族的女性也很難靠結婚進入皇室。特別是皇后，在古代僅限從皇族挑選皇后。而打破這項規定的是八世紀時，聖武天皇迎娶藤原不比等之女光明子為皇后。自此以後，藤原氏持續讓一族之女嫁入皇室，以天皇外戚的身分權傾一時。

其後，皇室也大多從上級公家挑選皇后。明治天皇之妻昭憲皇太后出身於擔任左大臣的一條家，大正天皇之妻貞明皇后出身於公爵九條家，昭和天皇之妻香淳皇后則出身皇族久邇宮家。

到了戰後，儘管已經廢除結婚的身分規定，不過在許多方面條件仍然相當嚴苛。正因如此，今上天皇與正田美智子小姐結婚時，這位「首位出身民間的皇太子妃」才會引發一股「美智子風潮」。

明治時代以前的宮中祭祀並非清一色神道色彩？

皇室過去也是採取神佛習合

在皇室舉行的各種宮中祭祀，總給人清一色神道色彩的印象。但其實皇室神道的歷史尚淺，天皇家並非只繼承神道，在明治維新以前除了神道外，也採取佛教祭祀。換言之，祭祀時當然也是採取神佛習合。

的確，在佛教傳入前日本的宗教是以神道為主。不過，當佛教於飛鳥時代傳入日本後，朝廷也開始採納佛教。聖武天皇下令在日本各地興建國分寺、建造「奈良大佛」等，都是相當有名的事蹟。

另外，諸如後白河法皇等的「法皇」稱號，是指天皇讓位後遁入佛門的稱號。從天皇自行皈依佛教來看，就不難了解天皇與佛教的關係相當深厚。

因此，佛教祭祀也包含在宮中儀禮當中。宮中也積極舉行鎮護國家之修法，每年正月八日至十四日都會在宮中真言院，舉辦鎮護國家的法事「後七日御修法」。

不過，如此神佛習合的習俗並非只在天皇家舉行。到江戶時代為止，神佛習合乃日本各地常見的習俗，例如在民間的神社境內建有寺院等。神佛習合的歷史突然出現轉變，發生在明治時代。

明治政府為建立以天皇為中心的國家，推動以天皇為頂點的國家神道政策，因此嚴格實施佛教與神道分離。

自此，天皇家宮中祭祀的佛教色彩被一掃而光，改為清一色神道色彩。此外也在民間毅然實施神佛分離，還引發廢佛毀釋等騷動。

不過戰後開始實施政教分離，將政治與宗教切割。由於宗教自由，即使是天皇家的宮中祭祀也不能視為國家的公共活動，被歸屬於私人活動。現在除了部分祭祀外，祭祀費用基本上都是從天皇陛下的私款內廷費支出。

八咫鏡、天叢雲劍、八尺瓊勾玉受到重視的原因

證明皇位的寶物

三神器是正式表明天皇家地位的神聖寶物。三神器乃是皇位的象徵，用來證明及保證天皇具備與皇室皇祖神天照大神有淵源的神聖身分，由天皇家代代相傳。

三神器為鏡、劍及勾玉。鏡的正式名稱是「八咫鏡」，此乃天皇家的祖神天照大神閉關在天岩戶之際，由八百萬神明所製成。據說這面八咫鏡寄宿著天照大神之魂，由天照大神親自授予天皇家。現在該鏡供奉於伊勢神宮的內宮，安置在皇居的則是形代（複製品）。

劍的正式名稱是「天叢雲劍」（草薙劍），據說是素戔嗚尊在降伏八岐大蛇時，從大蛇尾部發現的劍。據說倭建命[1]在天叢雲劍的守護下東征成功，東征後將該劍供奉在熱

田神宮。不過亦有說法指出，在平家滅亡的戰役「壇之浦之戰」中，天叢雲劍與跳海身亡的平家及安德天皇一同沉入大海，因此熱田神宮所供奉的並非真正的天叢雲劍。與八咫鏡一樣，安置在皇居的天叢雲劍為形代。

第三種神器是勾玉。正式名稱為「八尺瓊勾玉」（八坂瓊玉），是以瑪瑙製成的裝飾品，在古代用於祭祀上。傳聞也是天照大神閉關在天岩戶時製作的。據說與天叢雲劍一樣在壇之浦一度沉入大海，之後又浮出海面。現在放在宮中傳承。

關於三神器是如何成為皇位象徵的經過，目前尚無定論。日本史中最早之正史《日本書紀》當中，只記載著鏡與劍兩種神器，而非三種。而《續日本書紀》當中的記述也混雜著兩種與三種的說法。也就是說，打從一開始就沒有「三神器」一詞與概念，三神器成為定詞據說是在南北朝時代。事實上，《皇室典範》中也沒有論及三神器的相關條文。不過，從天皇駕崩時最先舉行繼承三神器的「劍璽等承繼之儀」來看，對皇室而言三神器的確意義重大。該儀式結束後，皇太子才真正成為天皇。繼承三神器、傳承給下一代天皇，也是天皇的重要任務。

1 倭建命（やまとたけるのみこと），即日本武尊，為出現在記紀中的古代日本皇族。在《古事記》漢字寫作「倭建命」，在《日本書紀》中漢字則寫作「日本武尊」。

歷代天皇系圖

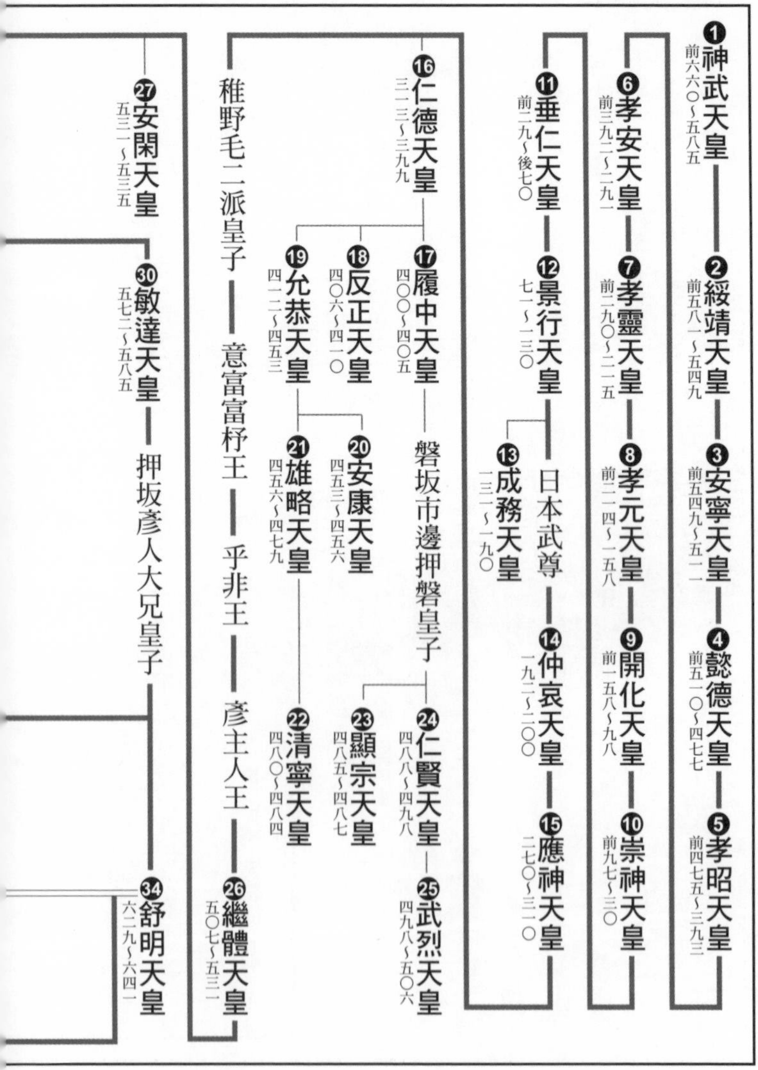

※ 天皇名上方的數字為代數，旁邊的數字為在位時期，外框字表示女性天皇。

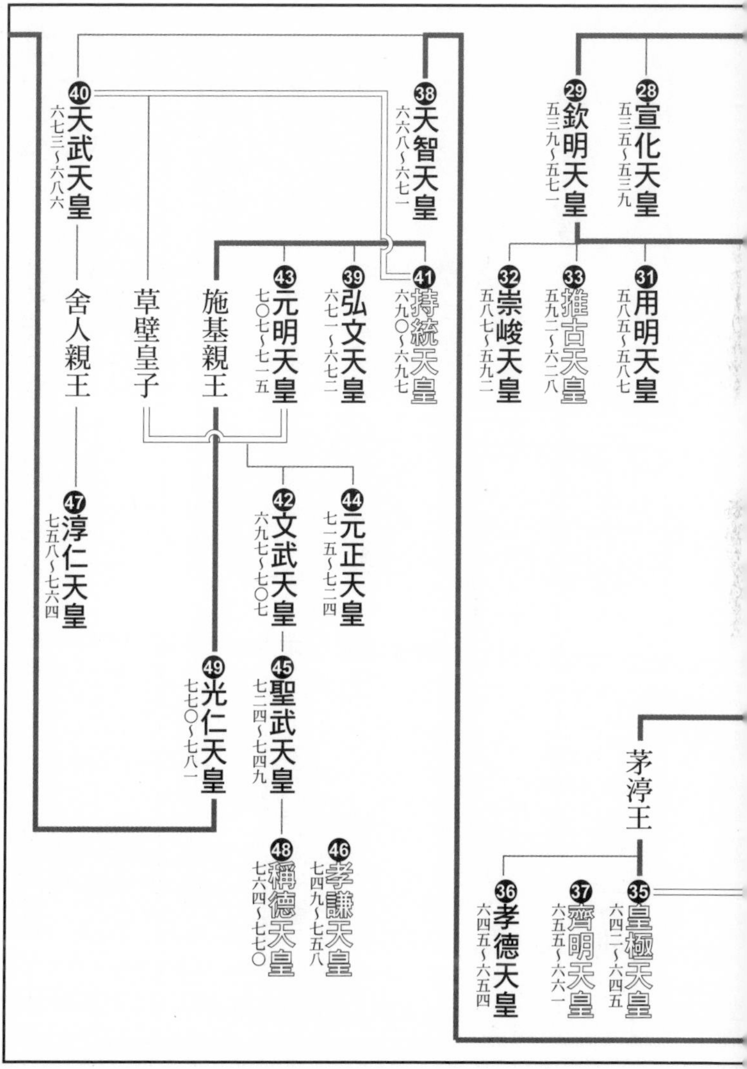

28 宣化天皇 五三五～五三九
29 欽明天皇 五三九～五七一
31 用明天皇 五八五～五八七
33 推古天皇 五九二～六二八
32 崇峻天皇 五八七～五九二
茅渟王
35 皇極天皇 六四二～六四五
37 齊明天皇 六五五～六六一
36 孝德天皇 六四五～六五四
38 天智天皇 六六八～六七一
40 天武天皇 六七三～六八六
41 持統天皇 六九〇～六九七
39 弘文天皇 六七一～六七二
43 元明天皇 七〇七～七一五
施基親王
草壁皇子
舍人親王
44 元正天皇 七一五～七二四
42 文武天皇 六九七～七〇七
47 淳仁天皇 七五八～七六四
45 聖武天皇 七二四～七四九
49 光仁天皇 七七〇～七八一
46 孝謙天皇 七四九～七五八
48 稱德天皇 七六四～七七〇

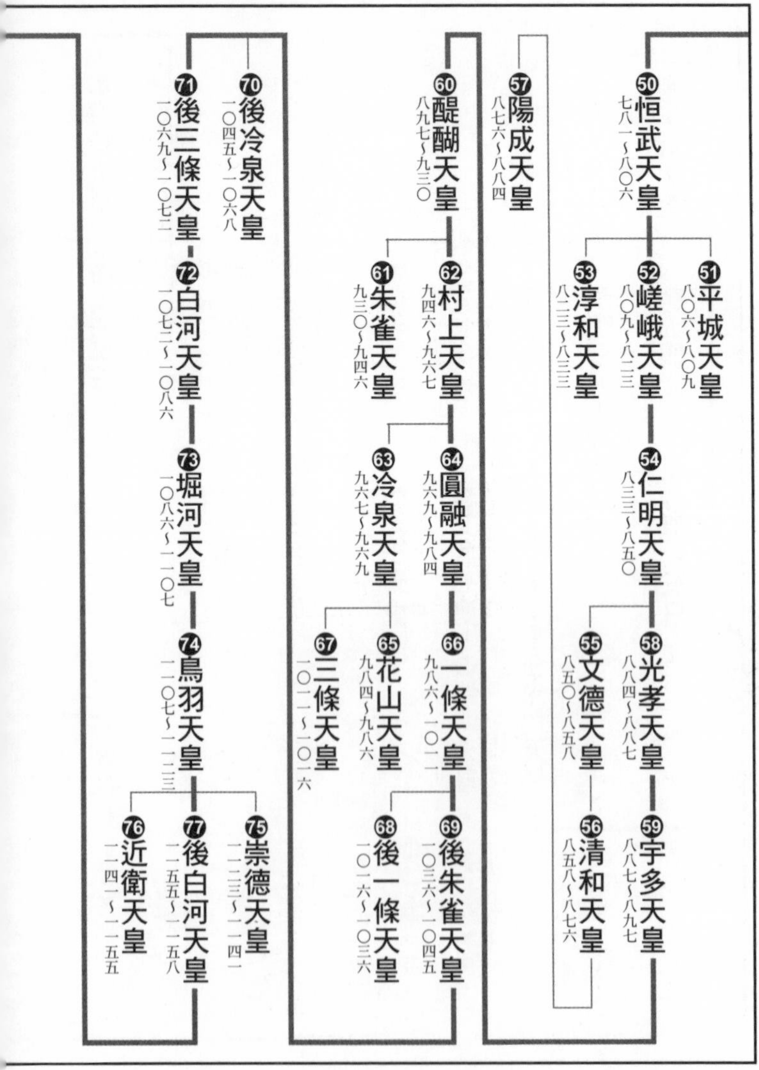
50 恒武天皇 七八一～八〇六
51 平城天皇 八〇六～八〇九
52 嵯峨天皇 八〇九～八二三
53 淳和天皇 八二三～八三三
54 仁明天皇 八三三～八五〇
58 光孝天皇 八八四～八八七
55 文德天皇 八五〇～八五八
59 宇多天皇 八八七～八九七
56 清和天皇 八五八～八七六
57 陽成天皇 八七六～八八四
60 醍醐天皇 八九七～九三〇
62 村上天皇 九四六～九六七
61 朱雀天皇 九三〇～九四六
64 圓融天皇 九六九～九八四
63 冷泉天皇 九六七～九六九
66 一條天皇 九八六～一〇一一
65 花山天皇 九八四～九八六
67 三條天皇 一〇一一～一〇一六
69 後朱雀天皇 一〇三六～一〇四五
68 後一條天皇 一〇一六～一〇三六
70 後冷泉天皇 一〇四五～一〇六八
71 後三條天皇 一〇六九～一〇七二
72 白河天皇 一〇七二～一〇八六
73 堀河天皇 一〇八六～一一〇七
74 鳥羽天皇 一一〇七～一一二三
75 崇德天皇 一一二三～一一四一
77 後白河天皇 一一五五～一一五八
76 近衛天皇 一一四一～一一五五

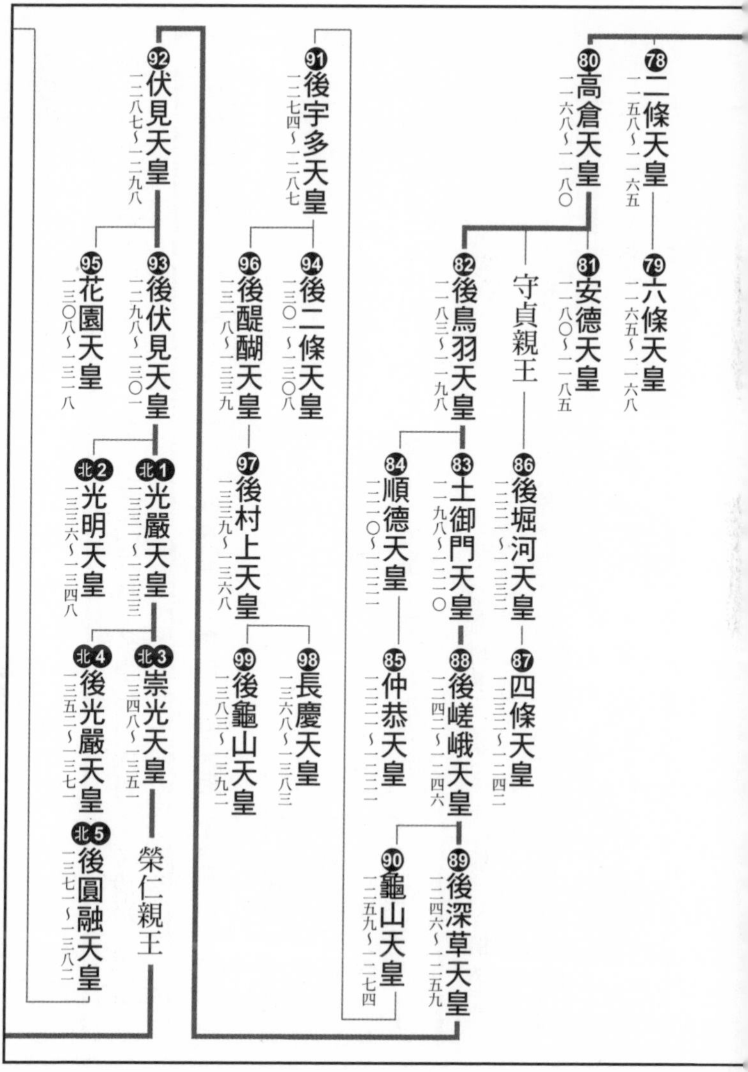
78 二條天皇 一一五八～一一六五
80 高倉天皇 一一六八～一一八〇
79 六條天皇 一一六五～一一六八
81 安德天皇 一一八〇～一一八五
守貞親王
82 後鳥羽天皇 一一八三～一一九八
86 後堀河天皇 一二二一～一二三二
87 四條天皇 一二三二～一二四二
83 土御門天皇 一一九八～一二一〇
84 順德天皇 一二一〇～一二二一
85 仲恭天皇 一二二一～一二二一
88 後嵯峨天皇 一二四二～一二四六
89 後深草天皇 一二四六～一二五九
90 龜山天皇 一二五九～一二七四
91 後宇多天皇 一二七四～一二八七
94 後二條天皇 一三〇一～一三〇八
96 後醍醐天皇 一三一八～一三三九
97 後村上天皇 一三三九～一三六八
98 長慶天皇 一三六八～一三八三
99 後龜山天皇 一三八三～一三九二
92 伏見天皇 一二八七～一二九八
93 後伏見天皇 一二九八～一三〇一
95 花園天皇 一三〇八～一三一八
北1 光嚴天皇 一三三一～一三三三
北2 光明天皇 一三三六～一三四八
北3 崇光天皇 一三四八～一三五一
北4 後光嚴天皇 一三五二～一三七一
北5 後圓融天皇 一三七一～一三八二
榮仁親王

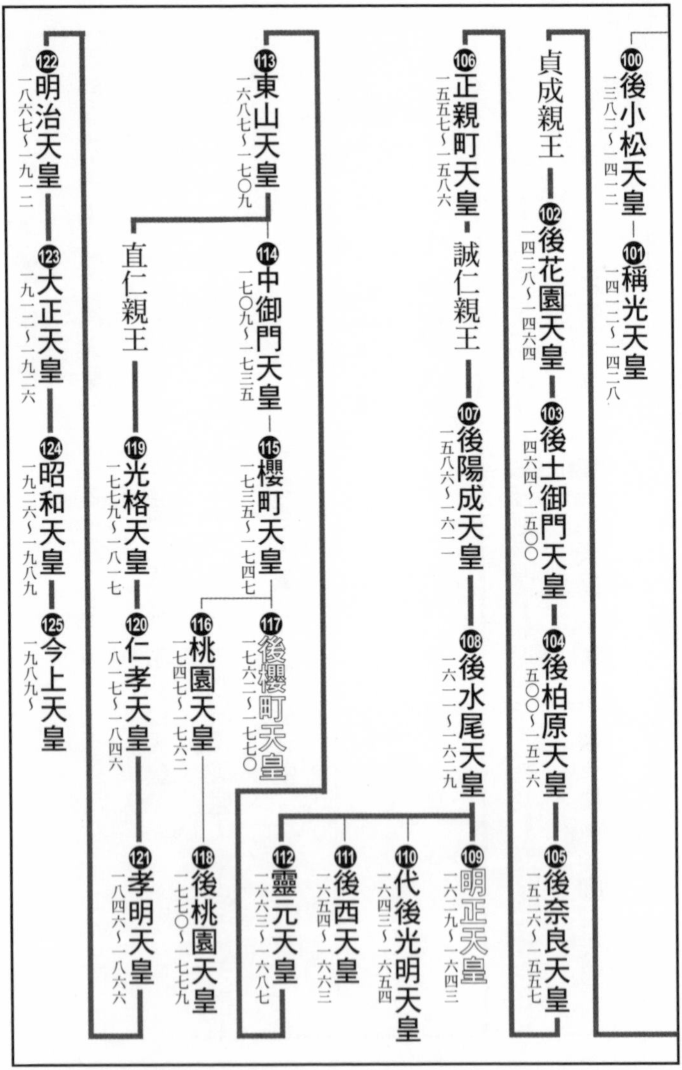
100 後小松天皇 一三八二～一四一二
101 稱光天皇 一四一二～一四二八
貞成親王
102 後花園天皇 一四二八～一四六四
103 後土御門天皇 一四六四～一五〇〇
104 後柏原天皇 一五〇〇～一五二六
105 後奈良天皇 一五二六～一五五七
106 正親町天皇 一五五七～一五八六
誠仁親王
107 後陽成天皇 一五八六～一六一一
108 後水尾天皇 一六一一～一六二九
109 明正天皇 一六二九～一六四三
110 代後光明天皇 一六四三～一六五四
111 後西天皇 一六五四～一六六三
112 靈元天皇 一六六三～一六八七
113 東山天皇 一六八七～一七〇九
114 中御門天皇 一七〇九～一七三五
115 櫻町天皇 一七三五～一七四七
116 桃園天皇 一七四七～一七六二
117 後櫻町天皇 一七六二～一七七〇
118 後桃園天皇 一七七〇～一七七九
直仁親王
119 光格天皇 一七七九～一八一七
120 仁孝天皇 一八一七～一八四六
121 孝明天皇 一八四六～一八六六
122 明治天皇 一八六七～一九一二
123 大正天皇 一九一二～一九二六
124 昭和天皇 一九二六～一九八九
125 今上天皇 一九八九～

資料來源：宮內廳網站

主要參考文獻

《岩波天皇・皇室辞典》原武史、吉田裕編（岩波書店）／《図説天皇家のしきたり案内》「皇室の20世紀」編集部編集（小学館）／《愛子さまと悠仁さま》大島真生、《天皇家の財布》森暢平（新潮社）／《美智子さまと皇族たち》河原敏明、《天皇陛下の全仕事》山本雅人（講談社）／《皇室一五〇年史》浅見雅男、岩井克己（筑摩書房）／《いま知っておきたい天皇と皇室》山下晋司、《日本人なら知っておきたい皇室》松崎敏弥（河出書房新社）／《天皇家の宿題》岩井克己、《皇室とっておき》朝日新聞社（朝日新聞出版）／《平成の皇室事典》（毎日新聞社）／《天皇の「まつりごと」》所功（日本放送出版協会）／《天皇家の仕事》高橋紘（文藝春秋）／《平成皇室事典》主婦の友社編（主婦の友社）／《角川古語大辞典》中村幸彦等編、《角川日本史辞典》朝尾直弘、《天皇家の人々》神一行、《知っておきたい日本の皇室》皇室事典編集委員会監修、《皇室事典》皇室事典編集委員会編著、《知っておきたい日本の天皇》武光誠（KADOKAWA）

／《「皇室典範」を読む》鈴木邦男、佐藤由樹（祥伝社）／《日本人なら知っておきたい「皇室」128のなぜ？》松崎敏彌、《日本の皇室》久能靖、《藤原氏の正体》武光誠（PHP研究所）／《天皇のすべて》不二龍彦（学研パブリッシング）／《Q&Aで分かる天皇制度》八木秀次、《皇室へのソボクなギモン》辛酸なめ子、竹田恒泰（扶桑社）／《皇室典範と女性宮家》所功（勉誠出版）／《天皇・皇室の将来》、《天皇家の儀礼》、《歴代天皇125代の謎》歴史REAL編集部編集、《天皇家の経済学》吉田祐二（洋泉社）／《天皇と皇室典範》、《天皇家の食卓と日用品》、《麗しの佳子さま》（宝島社）／《「皇室・王室」がきちんとわかる本》広岡裕児（オーエス出版）／《天皇陵謎解き完全ガイド》中山良昭監修・著（廣済堂出版）／《天皇・皇室を知る事典》小田部雄次（東京堂出版）／《天皇家の御食材》横田哲治（中経出版）／《近現代の皇室と皇族》小田部雄次（敬文舎）／《皇室文化と平成》（時事画報社）／《皇室の百科事典》歴史百科編集部編、《総図解よくわかる天皇家の歴史》《歴史読本》編集部編集（新人物往来社）／《日本の礼儀作法》竹田恒泰（マガジンハウス）

【報紙、雜誌】

朝日新聞／每日新聞／讀賣新聞／產經新聞／日本經濟新聞／東京新聞／《週刊ダイヤモンド》／《週刊女性》／《週刊朝日》／《女性自身》／《FRIDAY》／《Newsweek》

【網站】

宮內廳／外務省／NHK／日本電視台／共同通信／NEWS POSTSEVEN／Diamond Online／談山神社／白峯神社／齋宮歷史博物館

國家圖書館出版品預行編目 (CIP) 資料

日本皇室大解密：從 59 個關鍵字認識時事中的皇室角色 / 澤田浩監修；黃琳雅譯 . -- 初版 . -- 新北市：遠足文化, 2018.07
面；　公分 . -- (浮世繪；52)
譯自：ニュースがよくわかる皇室のすべて
ISBN 978-957-8630-53-6(平裝)
1. 天皇制度 2. 日本

574.251　　107009310

日本皇室大解密
從 59 個關鍵字認識時事中的皇室角色
ニュースがよくわかる皇室のすべて

監修——澤田浩
譯者——黃琳雅
出版總監——陳蕙慧
總編輯——郭昕詠
行銷總監——李逸文
資深通路行銷—張元慧
編輯——陳柔君、徐昉驊
封面設計——汪熙陵
排版——簡單瑛設

社長——郭重興
發行人兼
出版總監——曾大福
出版者——遠足文化事業股份有限公司
地址——231 新北市新店區民權路 108-2 號 9 樓
電話——(02)2218-1417
傳真——(02)2218-0727
電郵——service@bookrep.com.tw
郵撥帳號——19504465
客服專線——0800-221-029
網址——http://www.bookrep.com.tw
法律顧問——華洋法律事務所 蘇文生律師
印製——呈靖彩藝有限公司

初版一刷 西元 2018 年 07 月
Printed in Taiwan